Karl Marx

Revolution und Kontre-Revolution in Deutschland

Karl Marx

Revolution und Kontre-Revolution in Deutschland

ISBN/EAN: 9783744675710

Hergestellt in Europa, USA, Kanada, Australien, Japan

Cover: Foto ©ninafisch / pixelio.de

Weitere Bücher finden Sie auf **www.hansebooks.com**

Revolution

und

Kontre-Revolution in Deutschland

Von

Karl Marx

Ins Deutsche übertragen von K. Kautsky

---⇥╫⇤---

Stuttgart
Verlag von J. H. W. Dietz
1896

Inhalts-Verzeichniß.

		Seite
	Vorrede des Uebersetzers	VII
I.	Deutschland am Vorabend der Revolution	1
II.	Die Anfänge der liberalen Opposition	13
III.	Die religiöse Opposition. Die Idee der deutschen Einheit	26
IV.	Oesterreich	32
V.	Die Märzrevolution in Wien	40
VI.	Die Märzrevolution in Berlin	44
VII.	Die Frankfurter Nationalversammlung	51
VIII.	Polen, Tschechen und Deutsche	57
IX.	Der Panslavismus Der Krieg in Schleswig-Holstein	62
X.	Die Junischlacht und ihre Rückwirkung auf Deutschland. Der Frankfurter Aufstand	68
XI.	Die Wiener Oktoberrevolution	73
XII.	Der Fall Wiens	81
XIII.	Der Ausgang der konstituirenden Versammlung in Berlin	91
XIV.	Die Anfänge des Jahres 1849	97
XV.	Der Abschluß der Reichsverfassung und die Kaiserposse	104
XVI.	Der Beginn des Kampfes um die Reichsverfassung	109
XVII.	Die Demokratie am Ruder	114
XVIII.	Die Reichsverfassungskampagne	120
XIX.	Das Ende der deutschen Nationalversammlung	126
XX.	Der Kommunistenprozeß in Köln	133

Vorrede des Uebersetzers.

Die erste Frage, die sich jedem Leser vorliegender Schrift aufbrängen dürfte, ist wohl die, wie es möglich war, daß eine derartige Arbeit der Oeffentlichkeit — abgesehen von den Lesern einer amerikanischen Zeitung — fast ein halbes Jahrhundert lang vorenthalten bleiben konnte. Die Beiden, die uns eine authentische Antwort auf diese Frage hätten ertheilen können, sind für immer verstummt. Aber ich glaube, wir haben nicht weit zu suchen, um eine ausreichende Erklärung für diese anscheinende Vernachlässigung einer wichtigen Schrift zu finden. Wenn je ein Mensch von Autoreneitelkeit frei blieb, so war es Marx, der, ebenso wie Engels, einige der wichtigsten seiner Arbeiten nicht unter seinem Namen herausgab, sondern unter dem der Organisation, in der und für die er wirkte, und der manche höchst bedeutende Ausführungen in den Schriften eines Anderen, unter dem Namen eines Anderen veröffentlichte — wir erinnern nur an die Schriften von Eccarius, an denen Marx einen großen Antheil hatte, oder an das Referat über den Normalarbeitstag, das A. Weiler auf dem Trades Unionkongreß 1878 zu Bristol erstattete. Und Marx ging ganz in den Kämpfen der Gegenwart und Zukunft auf; ihm lag das am Herzen, was er noch zu sagen hatte, nicht, was er bereits gesagt; bis zu seinem letzten Momente war die Fülle der Ideen, die in seinem Kopfe nach Verarbeitung und Mittheilung drängten, so groß, daß es Marx gar nicht in den Sinn kommen konnte, der Wiederausgrabung seiner früheren Schriften besondere Zeit und Aufmerksamkeit zu widmen.

Als ich Marx 1881 einmal fragte, ob er nicht an eine Gesammtausgabe seiner Werke denke, lächelte er und meinte, vorerst müßten seine sämmtlichen Werke auch alle geschrieben sein. Niemand hätte damals geahnt, wo Marx noch in voller Kraft bastand, daß thatsächlich seine sämmtlichen Werke im Wesentlichen bereits geschrieben seien und daß der Tod binnen Kurzem seinen großen Schlußpunkt dazu machen werde.

Nun trat neben der Frage der Herausgabe des noch ungedruckten literarischen Nachlasses von Marx auch die der Herausgabe seiner früher erschienenen Schriften in den Vordergrund. Sie wurde um so wichtiger, als gerade um die Zeit von Marx' Tod die neue Internationale zu erstehen begann, das heißt, der Uebertritt der vorgeschrittenen Arbeiterbewegungen aller Länder auf den gleichen theoretischen Boden, den des wissenschaftlichen Sozialismus. Nicht nur in proletarisch-sozialistischen Kreisen, sondern auch in denen der bürgerlichen Sozialpolitiker der verschiedensten Richtungen wuchs das Verlangen, die Ideen des wissenschaftlichen Sozialismus zu erforschen und dazu an die Quelle selbst, die Schriften von Marx und Engels heranzutreten. Die Neuherausgabe der früheren Arbeiten der Beiden war jetzt mehr als ein Akt der Pietät oder rein wissenschaftlichen Interesses; sie war eine politische Nothwendigkeit.

Trotzdem war es auch Engels, dem literarischen Testamentsexekutor von Marx, nicht vergönnt, diese Aufgabe vollständig zu lösen. Lebte doch auch er mehr in der Gegenwart und Zukunft als der Vergangenheit, und wurde doch die Zeit, die ihm das literarische Eingreifen in die praktischen Kämpfe ließ, fast ganz von der Herausgabe des zweiten und dritten Bandes des „Kapital" in Anspruch genommen.

So ist benn den Epigonen der Beiden noch eine große Aufgabe hinterblieben und eine schwere Aufgabe. Indeß, Arbeitstheilung und Kooperation vervielfältigen die Kräfte der zur Lösung

dieser Aufgabe Berufenen, es fehlt weder an Begeisterung noch
an aufrichtigem Streben nach Gewissenhaftigkeit, und so darf man
wohl erwarten, daß die noch wenig oder gar nicht bekannten
Werke unserer beiden großen Meister in einer Form vor das
Publikum gelangen, die allen berechtigten Ansprüchen genügt,
und daß jede unnöthige Verzögerung der Publikationen ver=
mieden wird.

Den Inhalt des vorliegenden Bändchens bildet eine Reihe
von Artikeln, die Marx 1851 und 1852 für die New Yorker
„Daily Tribune" geschrieben hat. Sie stehen — bis auf den
Schlußartikel — in einem inneren Zusammenhang und tragen fort=
laufend denselben Titel, den dieses Bändchen trägt. Die Kapitel=
überschriften vorliegender Ausgabe rühren vom Uebersetzer her.
Eleanor Marx=Aveling, nächst Engels die Vollstreckerin des
Marx'schen Testaments, hat die Artikelserie in ihrer Original=
sprache herausgegeben, und nach dieser Ausgabe ist vorliegende
Uebersetzung gemacht.

Die politische Situation der Zeit, in der Marx seine Mit=
arbeiterschaft an der „Tribune" begann, ist bekannt. Engels hat
sie in seiner Einleitung zu den Marx'schen „Enthüllungen über
den Kommunistenprozeß in Köln" geschildert. Die Revolution von
1848 war endgiltig niedergeschlagen und jede Aussicht auf ihr
sofortiges Wiederaufflammen vorbei. Indeß die Emigranten, die
sich aus aller Herren Ländern in England zusammenfanden,
wollten daran nicht glauben. Der Wunsch ist der Vater des
Gedankens, und hier lag mehr als ein Wunsch vor; für die
große Masse der Emigranten war der sofortige Wiederbeginn
der Revolution nicht bloß eine politische Nothwendigkeit, sondern
eine persönliche Existenzfrage. Bedenkt man noch, daß sie Ideo=
logen waren, von der Ansicht ausgingen, der Wille und die
Ideen der Menschen machten die Geschichte, und daß Emigranten
nicht die Möglichkeit haben, die Verhältnisse im Vaterland nach

X

eigener Anschauung zu beurtheilen; daß sie auf Erinnerungen, Zeitungsnachrichten und Briefe beschränkt bleiben, die stets lücken=
haft genug sind, um der Phantasie zu gestatten, das Bild der Wirklichkeit je nach der Stimmung des Emigranten bald zu pessimistisch, bald zu optimistisch zu gestalten, — erwägt man das alles, dann darf es nicht Wunder nehmen, daß die Mehrheit der Emigranten in den ersten Jahren der Emigration aufs Zäheste an dem Gedanken festhielten, sie hätten den sofortigen Wieder=
ausbruch der Revolution vorzubereiten, was freilich in Ermang=
lung jeder Möglichkeit einer praktischen Thätigkeit zu nichts Anderem führte, als daß sie ins Enblose untereinander kon=
spirirten, intriguirten, debattirten und ranbalirten.

Eine Ausnahme machten Marx und Engels mit ihren politi=
schen Freunden. Sie wußten, daß die Geschichte in letzter Linie nicht durch die Absichten der einzelnen Menschen bestimmt wird, sondern durch die ökonomischen Verhältnisse. Von diesem Stand=
punkt aus machten sie sich einestheils an die Erforschung der Ursachen des Mißlingens der jüngsten revolutionären Erhebung und anderntheils an die Untersuchung der bestehenden ökonomi=
schen Verhältnisse, um daran die Aussichten der nächsten Revo=
lution zu bemessen. Und sie kamen zu dem Schlusse, daß die Revolution vorläufig geschlossen und keine Aussicht auf ihr Wieder=
aufleben in nächster Zeit vorhanden sei.

Marx und Engels gehörten nicht zu den Leuten, die die Flinte ins Korn warfen. Auch sie konnten sich lange nicht ent=
schließen zu glauben, daß es mit der Revolution einstweilen vorbei sei, und sie bemühten sich, die revolutionären Erwartungen ihrer Genossen aufrecht zu halten, solange noch die Verhältnisse gestatteten, solche zu hegen. Sie reorganisirten den Kommunisten=
bund, und noch im März 1850 erklärten sie in einer Ansprache der Zentralbehörde an den Bund: „Die Revolution steht nahe bevor, sei es daß sie hervorgerufen wird durch eine selbständige

Erhebung des französischen Proletariats oder durch eine Invasion der heiligen Allianz gegen das revolutionäre Babel."

Aber bald mußten sie sich eingestehen, daß diese Erwartung nicht mehr aufrecht zu halten sei. Die Nachwahlen vom 10. März 1850 in Frankreich hatten ein Wiederaufleben der Revolution erwarten lassen. Aber die Abschaffung des allgemeinen Wahlrechts daselbst durch das Gesetz vom 31. Mai, die in aller Ruhe vor sich ging, besiegelte den politischen Bankerott der kleinbürgerlichen Demokratie und bewies, daß die Junischlacht das Pariser Proletariat für Jahre hinaus kampfunfähig gemacht hatte. Und um dieselbe Zeit zeigte es sich, daß die industrielle Krisis, die 1847 eingesetzt, überwunden war und eine Aera des „wirthschaftlichen Aufschwungs" begonnen hatte. Unter diesen Umständen war es für Marx und Engels offenbar, daß an einen baldigen Wiederausbruch der Revolution nicht mehr zu denken sei. Sobald sie zu dieser Ueberzeugung sich durchgearbeitet, trugen sie kein Bedenken, ihr sofort Ausdruck zu geben. Im Oktober 1850 schrieben sie bereits in der Revue der „Neuen Rheinischen Zeitung": „Bei dieser allgemeinen Prosperität, worin die Produktivkräfte der bürgerlichen Gesellschaft sich so üppig entwickeln, wie dies innerhalb der bürgerlichen Verhältnisse überhaupt möglich ist, kann von einer wirklichen Revolution keine Rede sein. . . . Eine neue Revolution ist nur möglich im Gefolge einer neuen Krisis. Sie ist aber auch ebenso sicher wie diese."

Der Schlußsatz zeigt uns allerdings, daß Marx und Engels zur Zeit, wo diese Artikel geschrieben wurden, noch überzeugt waren, die Revolution werde nach einer kurzen Reihe von Jahren wieder beginnen — noch im September 1851 schrieb Marx in dem ersten der hier vorliegenden Artikel von der „wahrscheinlich sehr kurzen Ruhepause, die uns zwischen dem Schluß des ersten und dem Beginn des zweiten Aktes der Bewegung gegönnt ist".

XII

Immerhin, trotz aller revolutionären Leidenschaft und alles revolutionären Dranges, eine Thatsache stand für sie fest, im Gegensatz zur übrigen Emigration: für Jahre hinaus war es mit der Revolution zu Ende. Es galt, sich für den Friedenszustand einzurichten. Marx gehörte aber nicht zu jenen, die den Märtyrer vor einem zahlungsfähigen Publikum posirten oder Anleihen auf die kommende Revolution aufnahmen; sich auf den Friedenszustand einrichten, hieß für ihn also eine bürgerliche Existenz gründen. Es galt aber auch, ein Organ zu erhalten, in dem er die Ergebnisse seiner Beobachtungen der Oeffentlichkeit mittheilen konnte. Es gab jedoch keines, in dem er zum deutschen Publikum hätte sprechen können. Die Demokratie boykottete Marx. Seine Revue der „Neuen Rheinischen Zeitung", die er mit Engels seit Januar 1850 herausgab, erlag diesem Boykott; das Doppelheft 5 und 6, dem wir die oben zitirte Stelle entnommen, war ihr letztes. Die deutsche Presse war Marx verschlossen. Von dem Untergang der „Neuen Rheinischen Zeitung" an bis zum Aufkommen einer sozialdemokratischen Presse in Deutschland ist von Marx, mit Ausnahme einiger Korrespondenzen für die „Neue Oderzeitung" in Breslau (im Jahre 1855), nichts in deutschen Zeitungen veröffentlicht worden.

Angesichts dieses Boykotts mußte es ihm um so willkommener sein, im Herbst 1851 von einer angesehenen amerikanischen Zeitung, der „New York Tribune", zur Mitarbeiterschaft aufgefordert zu werden.

Heute ist die „Tribune" ein ganz gewöhnliches kapitalistisches Zeitungsgeschäft. In ihren Anfängen dagegen trug sie einen weit höheren Charakter, der sie der Mitarbeiterschaft eines Marx wohl werth machte.

Sie war ein Kind der fourieristischen Bewegung, die in den vierziger Jahren unter den literarisch gebildeten Klassen der Vereinigten Staaten eine große Bedeutung erlangt hatte, einer Bewegung, die den Reflex einer ähnlichen in Europa bildete. Es war das zu der Zeit, als das Proletariat begann, eine Macht zu werden; noch war es nicht stark und selbständig genug, um die besitzenden Klassen ernstlich zu erschrecken und zu einer „reaktionären Masse" zusammenzuschweißen, aber bereits stark gehug, um in den Kämpfen der besitzenden Klassen untereinander — der Großgrundbesitzer, der Finanz, der industriellen Kapitalisten — der einen oder der anderen als Bundesgenosse willkommen zu sein. Die Sympathien mit dem Proletariat, die Anklagen gegen seine Ausbeutung und Degradirung, ja selbst Bestrebungen zu seiner Aufhebung, die bis zu einem utopistischen Sozialismus sich versteigen durften, waren damals sicher, bei einer oder der anderen Fraktion der besitzenden Klassen Duldung, mitunter sogar Förderung zu finden. Das gab einem großen Theil der „Intelligenz" den Muth, dem Sozialismus näher zu treten. Ohne proletarisches, aber auch ohne kapitalistisches Klassenbewußtsein, konnte sie unbefangen die entsetzlichen Greuel des Kapitalismus beurtheilen, die viele ihrer Mitglieder zum Theil berufsmäßig — z. B. als Aerzte — zum Theil auch durch Erfahrungen am eigenen Leibe kannten. Das war die Zeit der glänzendsten Schilderungen eines Dickens und Disraeli, eines Carlyle und Kingsley, einer George Sand und eines Eugen Sue und ihrer Nachtreter in Deutschland. Das war auch die Zeit, in der der Fourierismus in Amerika gedieh, allerdings mehr ein literarischer Nachhall, als ein Produkt der sozialen Zustände des eigenen Landes, die wohl in einigen Großstädten bereits schlimm genug waren, aber noch nicht so sehr den Stempel der Hoffnungslosigkeit trugen, wie die des alten Europa. Der besitzlose Amerikaner selbst betrachtete das Proletariat als ein bloßes Durchgangsstadium, das er durchmachen müsse, nicht als den Zustand, in den er lebenslänglich gebannt sei.

Zu denjenigen, für die das Proletariat nur ein Durchgangsstadium war, gehörte auch Horace Greeley, der sich vom Schrift=

setzer zum Journalisten emporarbeitete und 1841 die „New York Tribune" gründete. Sie stellte sich sofort in den Dienst der fourieristischen Bewegung. Schon am 14. Dezember 1841 erschien in der „Tribune" ein Artikel „Association — plan of Fourier", in dem über die beabsichtigte Gründung einer fourieristischen Kolonie in Frankreich berichtet wurde. „Wir haben schon einiges geschrieben", heißt es in dem Artikel, „und werden noch weit mehr schreiben, um jene große soziale Revolution zu beleuchten und zu befürworten, die zu beginnen die Bestimmung unseres Jahrhunderts ist, indem es alle nützliche Arbeit gleichzeitig anziehend und ehrenvoll macht und die Noth sammt der mit ihr verbundenen Verkommenheit vom Erdball verbannt. Der Keim dieser Revolution ist in den Schriften Ch. Fouriers enthalten" u. s. w.

Aehnliche Artikel erschienen auch späterhin. Vom März 1842 an stellte die „Tribune" täglich eine Spalte ihrer ersten Seite den Fourieristen zur Besprechung sozialistischer Themata zur Verfügung.

Aber die Sozialisten blieben bei der literarischen Vertretung ihrer Ideen nicht stehen. In allen freieren Kulturländern wurden damals Versuche gemacht, die Ideale der großen Utopisten durch Gründung sozialistischer Genossenschaften zu verwirklichen. Besonders verführerisch lagen die Verhältnisse dazu in den Vereinigten Staaten, in denen man eine moderne Kultur und doch völlige Abwesenheit polizeilicher Bevormundung und Einschränkung fand, und das wichtigste aller Produktionsmittel, den Grund und Boden, so leicht erlangen konnte. Kein Wunder, daß die Vereinigten Staaten das Ideaalland für die Gründer kommunistischer Kolonien waren: für die des religiösen Kommunismus weltfremder Bauern und Handwerker, die noch in dem Ideenkreise der Reformation sich bewegten; für die Kolonien moderner materialistischer Proletarier aus Europa, die ihrem Vaterlande den Rücken kehrten, um in der Wildniß jenes Glück zu suchen, das die Heimath ihnen weigerte; und für die Experimente amerikanischer Enthusiasten, die den Kommunismus versuchten, wie so manches Andere auch.

In dem Zeitraum von 1842—53 gründeten die amerikanischen Fourieristen allein nicht weniger als 33 Phalangen (Kolonien). Zwei davon entstanden unter dem Einflusse Greeleys, darunter eine der langlebigsten, Sylvania in Pennsylvanien, die sich von 1843—1855 erhielt.

Am hervorragendsten durch ihre Theilnehmer wurde jedoch unter den damaligen Gründungen amerikanischer Kommunisten die Kolonie von Brook Farm, einem Landgut in West-Roxbury, in der Nähe von Boston. Diese Gemeinde zählte in ihrer Mitte eine Reihe der begabtesten amerikanischen Schriftsteller, darunter auch den genialen Poeten Nathaniel Hawthorne, der Brook Farm zu literarischer Unsterblichkeit brachte, indem er es zum Schauplatz einer seiner liebenswürdigen Novellen wählte, The Blithedale Romance. So vieles auch in dieser Novelle freie Schöpfung des Dichters sein mag, so illustrirt sie doch sicherlich sehr gut die Stimmung, der diese Experimente entsprangen, zum Theil auch das Leben, das man in der kommunistischen Gemeinde führte. Sie muß eine reizende Idylle gebildet haben, ein anmuthiges Schäferspiel. Aber Schäferspiele sind leider nicht sehr einträglich — es sei denn in der Form eines Ballets für einen Theaterdirektor. Die Kolonie gerieth in Schulden, und schließlich sahen sich die Theilnehmer vor die Wahl gestellt, völlig zu verbauern, allen Ansprüchen auf eine höhere Kultur zu entsagen oder sich wieder unter das Joch der kapitalistischen Zivilisation zu begeben. Sie wählten natürlich das letztere und lieferten damit zwar nicht den Beweis der Undurchführbarkeit des Kommunismus, wohl aber den der Ungangbarkeit des Weges, den sie eingeschlagen. Eine Gemeinde feingebildeter Literaten, die auf Grund einer primitiv bäuerlichen Produktion zum Kommunismus gelangen will, wird stets scheitern.

Wenn man sich über etwas wundern darf, so ist es nicht die
Thatsache, daß die Gemeinde schließlich auseinanderging, son=
dern daß sie so lange zusammenhielt. Sie bestand von 1842
bis 1847.

Nach ihrer Auflösung wendete sich eine ganze Anzahl ihrer
Mitglieder der New York Tribune zu; darunter G. Ripley, das
Haupt der Gemeinde; Margaret Fuller, die Zenobia der „Blithe=
dale Romance"; G. W. Curtis und endlich Charles A. Dana,
den sein Biograph in Appletons „Cyclopædia of American
Biography" den einzigen Geschäftsmann unter den Genossen=
schaftern von Brook Farm nennt.

1848 besuchte Dana für einige Monate Europa und machte
dort die Bekanntschaft Freiligraths. Nach seiner Rückkehr wurde
er Chefredakteur (managing editor) der „Tribune", und als
solcher forderte er 1851 Freiligrath auf, an der „Tribune" mit=
zuarbeiten. Es war nach allen Anzeichen Freiligraths Vermitt=
lung, durch die Dana veranlaßt wurde, auch Marx zur Mit=
arbeiterschaft einzuladen, die, wie schon gesagt, durch die vorliegende
Artikelserie eingeleitet wurde.

Als Marx die Mitarbeiterschaft an der „Tribune" übernahm,
war die amerikanisch=sozialistische Bewegung im Aussterben be=
griffen. Der europäische Literatensozialismus hatte durch die
Junischlacht seinen Todesstoß erhalten; der Sozialismus hatte
aufgehört, salonfähig zu sein. Das mußte auf den amerikanischen
Sozialismus um so mehr zurückwirken, je weniger dieser in den
heimischen Verhältnissen wurzelte, je mehr er ein importirtes
Gewächs war; dazu kamen noch die entmuthigenden Fehlschläge
der kommunistischen Experimente der vierziger Jahre, und endlich,
und das ist wohl der wichtigste Grund des Absterbens des amerika=
nischen Utopismus jener Zeit, wurde der Reflex der sozialen Frage
Europas völlig verdunkelt durch die wirkliche soziale Frage Amerikas,
die damals in den Vordergrund trat und in den Vereinigten

XVII

Staaten alles Interesse absorbirte, den Kampf gegen die Sklaverei oder genauer gesagt, gegen die Sklavenhalter.

Es entspann sich ein Klassenkampf zwischen den industriellen Kapitalisten des Nordens, die gegen die englische Industrie zu kämpfen hatten und nach Schutzzöllen verlangten, und den Latifundienbesitzern des Südens, die der englischen Industrie das Rohmaterial lieferten und am Freihandel festhielten. Es entspann sich aber auch ein Klassenkampf zwischen der rasch anwachsenden und nach dem Westen vordringenden bäuerlichen Bevölkerung des Nordens und den ebenso rasch nach Westen vordringenden Sklavenbaronen des Südens, die das Land für sich zu monopolisiren suchten. Gerade in dem Jahrzehnt, in dem Marx an der „Tribune" arbeitete, erreichten diese Gegensätze ihre schärfste Zuspitzung, bis sie schließlich im Sezessionskrieg ihren Austrag fanden. Das war eine Situation, die dem Sozialismus jeden Boden entzog.

Aber man ißt nicht vom Baume der sozialistischen Erkenntniß, ohne sich, selbst bei späteren Wandlungen — wenn man nicht geradezu ein Lump ist — eine höhere Auffassung des Lebens zu bewahren. Und so waren es denn auch die amerikanischen Kommunisten der vierziger Jahre, die im Kampfe gegen die Sklaverei in erster Linie standen, und die New York Tribune war es, die den Vorkampf führte, die aber auch in diesem Kampf und durch ihn zu einem der ersten Blätter Amerikas wurde. Ihr hervorragendster europäischer Mitarbeiter aber war Marx.

Das bezeugt uns Dana selbst in einem Briefe, dessen Veranlassung höchst charakteristisch ist.

Karl Vogt hatte 1859 ein Pamphlet gegen Marx veröffentlicht, in dem er ihm unter anderem den gegen Sozialisten, die nicht von ihren Renten leben, herkömmlichen Vorwurf macht, er lebe „vom Schweiß der Arbeiter". Die Berliner „Nationalzeitung" übertrumpfte noch Vogt, indem sie Marx von Gelderpressungen und Polizeidiensten leben, ja ihn sogar die

Verfertigung falschen Papiergeldes veranlassen ließ. Marx verklagte auf diese idiotischen Verleumdungen hin den Redakteur der „Nationalzeitung", Zabel, zunächst bei der Berliner Staatsanwaltschaft, diese aber wies die Anklage zurück, weil kein öffentliches Interesse vorliege, das dem Staatsanwalt Anlaß gäbe, einzuschreiten. Und ebenso wurde Marx in allen Instanzen das Recht abgesprochen, gegen Zabel auf dem Wege der Privatklage vorzugehen, und damit bewiesen, daß die „Richter in Berlin" schon vor einem Menschenalter der „Nationalzeitung" ebenbürtig waren, also nicht erst der Bismarck'schen Schule bedurften, um auf den Brausewetter zu kommen.

Unter den Beweismitteln, die Marx dem Gerichte vorlegte, befand sich auch ein Brief von Dana, der zeigen sollte, woher Marx während seines Londoner Aufenthaltes sein Einkommen thatsächlich bezogen. Der Brief, abgedruckt unter den Beilagen zu „Herr Vogt" von Marx, verdient wohl, in diesem Zusammenhange wieder veröffentlicht zu werden. Er lautet in Uebersetzung:

New York, 8. März 1860.

Hochgeehrter Herr!

„Mit Vergnügen stelle ich in Folge Ihres Ersuchens Ihre Verbindungen mit verschiedenen in den Vereinigten Staaten erscheinenden Publikationen fest, zu denen ich persönliche Beziehungen habe. Vor fast neun Jahren forderte ich Sie auf, für die „New York Tribune" zu schreiben, und das Engagement hat seitdem fortbestanden. Sie haben für uns regelmäßig geschrieben, ohne die Unterbrechung auch nur einer Woche, soweit ich mich erinnern kann; und Sie sind nicht nur einer der geschätztesten, sondern auch einer der bestbezahlten Mitarbeiter an dieser Zeitung. Ich habe nur Eines an Ihren Beiträgen auszusetzen gehabt, daß Sie mitunter für eine amerikanische Zeitung zu sehr den deutschen Standpunkt hervorkehrten. Das war sowohl gegenüber Rußland wie gegenüber Frankreich der Fall. Es schien mir mitunter, als legten Sie in Fragen, die den Zarismus oder den Bonapartismus angingen, zu viel Interesse und Besorgtheit für die Einheit und Unabhängigkeit Deutschlands an den Tag. Das zeigte sich vielleicht noch auffallender als sonst gelegentlich des letzten italienischen Krieges. In der Sympathie mit dem italienischen Volk stimme ich völlig mit Ihnen überein. Ich hatte ebensowenig Zutrauen zur Ehrlichkeit des französischen Kaisers wie Sie und glaubte ebensowenig wie Sie, daß die italienische Freiheit von ihm ausgehen werde; aber ich glaube nicht, daß Deutschland so viel Grund hatte, besorgt zu sein, wie Sie, im Verein mit anderen deutschen Patrioten, annahmen.

„Ich muß hinzufügen, daß Sie in allen Ihren Schriften, die durch meine Hand gegangen sind, stets das größte Interesse für das Wohlergehen und den Fortschritt der arbeitenden Klassen bekundet haben, und daß viele Ihrer Beiträge direkt diesem Zweck dienten.

„Ich habe auch zu verschiedenen Zeiten innerhalb der letzten fünf bis sechs Jahre Beiträge von Ihnen für „Putnams monthly", eine literarische, sehr vornehme Revue, und für die „New American Cyclopaedia" vermittelt, die ich ebenfalls redigire, und für die Sie einige höchst wichtige Artikel geliefert haben.

„Wenn weitere Auskünfte nöthig werden, werde ich sie mit Vergnügen geben. Inzwischen verbleibe ich Ihr aufrichtiger

Charles A. Dana,
Chef-Redakteur der New York Tribune."

Dieser Brief ist ebenso ehrenvoll für seinen Schreiber wie für den Adressaten, er und seine Veranlassung zeigen uns aber auch deutlich, wieso es kam, daß eine Reihe der wichtigsten Arbeiten von Marx, seine Beobachtungen über ein ganzes Jahrzehnt unserer Zeitgeschichte, englisch, in amerikanischen Zeitungen und Zeitschriften erschienen und nun mühsam ausgegraben und dem deutschen Publikum verdeutscht werden müssen. Von allen deutschen Verlegern und Redakteuren, „demokratischen" so gut wie andern, geboykottet, von vielen obendrein aufs infamste verleumdet, hätte Marx ein elendes Ende in der Emigration gefunden, wenn es nach dem Sinne dieser Herren gegangen wäre. Wenn es ihm gelang, sich in der furchtbaren Krisis des Emigrantenthums nicht blos zu behaupten, nicht blos ein neues Wirkungsfeld zu finden, sondern auch ein Werk zu schaffen, das heute als eines der glänzendsten und tiefsten Produkte des deutschen Geistes anerkannt ist, so geschah es trotz der giftigen Feindschaft der Vertreter dieses deutschen Geistes, so geschah es nicht zum wenigsten Dank dem entgegenkommenden Verständniß des Angloamerikaners Ch. Dana.

Die Sozialdemokratie, jeder, der den Genius von Karl Marx anerkennt, hat alle Ursache, auch des Mannes anerkennend zu gedenken, der diesem Genius während seiner Aechtung ein Obdach bot.

Diese Aechtung war gerade am wirksamsten zu der Zeit, als Marx vorliegende Artikel schrieb. Dieses Moment ist bei ihrer Beurtheilung nicht außer Acht zu lassen. Blieb es auch ohne Einfluß auf den Standpunkt, den Marx einnahm, so dürfte es doch, namentlich in der zweiten Hälfte vorliegender Schrift, die Bitterkeit ihrer Sprache verschärft haben. Daß diese nicht die des kühlen Beobachters war, sondern die des Kämpfers, der den großen Kampf aus ganzer Seele und mit Einsetzung seiner ganzen Persönlichkeit mitgekämpft, war selbstverständlich.

Man muß es bewundern, daß alle Bitterkeit und Leidenschaft Marx' historischen Blick so wenig zu trüben vermochte, daß die Zeit eines halben Jahrhunderts seinen Artikeln von damals nicht nur keinen Abbruch gethan, sondern sie in fast allen wesentlichen Punkten bestätigt hat.

Nur über einen Punkt möchte ich mir eine Auseinandersetzung erlauben, da er leicht zu falschen Anschauungen Anlaß geben könnte; ich meine das Verhältniß von Marx zu den österreichischen Slaven (ausgenommen die Polen). Diese, namentlich die Tschechen und Kroaten, hatten einen ungemein großen Antheil an dem Siege der Gegenrevolution in Oesterreich, und so ist es denn kein Wunder, daß Marx sich mit der vollen Wucht seiner revolutionären Leidenschaft gegen sie wendet und sie als Verräther an der Revolution brandmarkt. Aber ließ sich nicht Marx von seinem gerechten Zorn zu sehr fortreißen und stellte er nicht eine Behauptung auf, die er nicht verantworten konnte, wenn er diesen slavischen Stämmen, vor Allem den Tschechen, geradezu die Möglichkeit einer nationalen Existenz abstritt? Haben ihn nicht die Thatsachen Lügen gestraft? Wird heute nicht die Existenzfähigkeit der tschechischen Nation selbst von ihren erbittertsten Gegnern nicht mehr bestritten?

Man muß gestehen, es ist anders gekommen, als Marx erwartet, aber daraus folgt noch keineswegs, daß der Standpunkt, den Marx 1851 einnahm, nicht wohlbegründet war. Das Urtheil von Marx war durch die damaligen Verhältnisse völlig gerechtfertigt, und es zeugt von einer genauen Kenntniß der österreichischen Zustände.

Wenn trotzdem seine Prophezeiung vom Untergang der tschechischen Nationalität nicht eingetroffen ist, so liegt der Fehler anderswo, als in mangelhafter Kenntniß der Thatsachen. Er liegt in dem einzigen großen Irrthum, den Marx mit Engels seit der Entdeckung der materialistischen Grundlagen der geschichtlichen Entwicklung begangen, und auf den uns Engels selbst in seiner Vorrede zu den „Klassenkämpfen in Frankreich 1848 bis 1850" aufmerksam gemacht (S. 6).

Wir haben oben gesehen, daß Marx durch das Studium der ökonomischen Verhältnisse zur Erkenntniß kam, daß die Revolution einstweilen abgeschlossen sei. Aber er erwartete die neue

Revolution ebensobald, wie die neue Krise, binnen wenigen Jahren. Behielt er mit dieser Erwartung Recht, so war, das erscheint uns unzweifelhaft, das Schicksal der tschechischen Nationalität besiegelt. Ohne jegliche gewaltsame Germanisation mußte einfach die Macht des entfesselten Verkehrs, die Macht der modernen Kultur, welche die Deutschen brachten, die rückständigen tschechischen Kleinbürger, Bauern und Proletarier, denen ihre verkümmerte Nationalität gar nichts zu bieten hatte, zu Deutschen machen.

Aber wie wir wissen, blieb die erwartete Erhebung aus. Die liberale Bourgeoisie hatte als revolutionäre Klasse abgedankt; die unter ihr stehenden Klassen aber waren zu erschöpft und entmuthigt, um sich so bald wieder erheben zu können.

Dazu kam, daß die Besieger der Revolution durch die Logik der Thatsachen getrieben wurden, selbst revolutionär aufzutreten und das Werk der Revolution von 1848 fortzusetzen. Um von Frankreich die Revolution fernzuhalten, war der dritte Napoleon genöthigt, das alte Rußland umzuwerfen und dessen Beherrscher zu zwingen, die Leibeigenschaft aufzuheben; er war genöthigt, Italien zu einigen und den österreichischen Absolutismus ins Wanken zu bringen. Bismarck vollendete den Umsturz des österreichischen Absolutismus, entthronte einige deutsche Herrscher, brachte Frankreich die Republik und Deutschland das allgemeine Stimmrecht und, bis zu einem gewissen Grade, die Einheit.

Durch die Revolutionen von oben wurde der Revolution von unten vorgebeugt. Als aber diese revolutionäre Aera vorbei war, die von 1853—71 dauerte, da waren, wie Engels in der erwähnten Vorrede bereits bemerkt, auch die Bedingungen für eine andere revolutionäre Taktik gegeben, als sie bis 1848 möglich und geboten gewesen. Aber auch die Existenzbedingungen für die Slaven Oesterreichs waren inzwischen ganz andere geworden.

In die Augen springend ist Folgendes. 1851, als Marx die vorliegende Arbeit schrieb, gehörten Böhmen, Mähren und Schlesien

noch zum deutschen Bunde, nicht aber die anderen von Slaven
bewohnten Provinzen Oesterreichs — von den damals noch wenig
bedeutenden Slovenen einiger südlichen Provinzen abgesehen. Es
standen 3, höchstens 4 Millionen Tschechen ungefähr 40 Millionen
Deutschen gegenüber, ein Mißverhältniß, das allein genügte, die
Zukunft des Tschechenthums als eine hoffnungslose erscheinen zu
lassen. Aber 1866 wurde Oesterreich aus dem deutschen Bunde
gedrängt. Dies bewirkte auf der einen Seite die Vereinigung
der Tschechen mit dem größten Theil der anderen Slaven Oester=
reichs, auf der anderen die Loslösung der Deutschösterreicher von
Deutschland. Nun standen in Cisleithanien etwa 11 Millionen
Slaven 7 Millionen Deutschen gegenüber. Das Blättchen hatte
sich gewendet.

Aber zur selben Zeit ging auch eine völlige Veränderung
in der politischen und sozialen Bedeutung der einzelnen Klassen
vor sich, eine Veränderung, die sich seit jener Periode der Revo=
lution von oben in derselben Richtung fortgesetzt und vertieft hat.

1848 war die Bourgeoisie noch die nationalste aller Klassen,
sowohl in dem Sinne, daß ihre Bedürfnisse den Gesammtbedürf=
nissen der Nation am nächsten kamen, als auch in dem Sinne,
daß ihre Interessen die Kraft und Einheit der Nation am bringendsten
erforderten. Der Adel war antinational, seine Interessen liefen
den Gesammtinteressen der Nation schnurstracks zuwider, die große
Mehrheit der unter der Bourgeoisie stehenden Klassen kannte vor=
wiegend nur Kirchthurmsinteressen und entbehrte jeder politischen
Selbständigkeit. Nur die Kleinbürger und die meist von ihnen
beeinflußten, noch wenig selbständigen Proletarier der Großstädte
machten eine Ausnahme — wir haben hier Deutschland und
namentlich Oesterreich, nicht etwa Frankreich im Auge. Neben
der Bourgeoisie gelangten sie mitunter zur politischen Führung
in den Kämpfen gegen den Feudalabsolutismus. Aber sie konnten
sich mit der Bourgeoisie an politischem Wissen und an Einfluß

auf die „Intelligenz" im Entferntesten nicht messen, ihre ökonomischen Interessen standen oft im Widerspruch mit den Tendenzen der ökonomischen Entwicklung, ihre Bestrebungen waren daher widerspruchsvoll und unklar, ihr ökonomischer Rückhalt und damit ihre Kraft zu selbständiger, ausdauernder Opposition gering. Da überdies in einer Reihe der wichtigsten Fragen die nächsten Interessen von Bourgeoisie und Kleinbürgerthum übereinstimmten, liebte es das oppositionelle Kleinbürgerthum, sich an die oppositionelle Bourgeoisie anzulehnen. Aus dieser Anlehnung zog die bürgerliche Demokratie ihre Kraft.

Man erwäge, wie haltlos unter diesen Umständen eine von allen Seiten bedrängte Nation sein mußte, die keine Bourgeoisie besaß, und die, als Führer im Kampf um ihre Selbständigkeit blos einige Ideologen und einen Theil des Kleinbürgerthums einer national gespaltenen Stadt (Prag) aufweisen konnte. Neben ihrer geographischen Lage und ihrer geringen Volkszahl war es diese Klassentheilung, die der tschechischen Nation jede Aussicht auf Fortbestand raubte. Sie schien rettungslos verloren, sobald Deutschland (mit Deutschösterreich) ein moderner Staat wurde. So wurde die tschechische nationale Bewegung naturgemäß dahin gedrängt, die Reaktion zu unterstützen, so entstand der tiefe Gegensatz zwischen der tschechischen Nation und der deutschen Revolution, der jeden Revolutionär Deutschlands, wie international er auch gesinnt sein mochte, zum Gegner dieser Nation machen mußte.

Das galt aber nur so lange, als die Bourgeoisie eine revolutionäre Klasse war, deren Sonderinteressen den Gesammtinteressen der Gesellschaft am nächsten kamen, und die allein unter den oppositionellen Klassen ein größeres Maß politischer Reife besaß.

Aus einer oppositionellen Klasse ist die Bourgeoisie eine herrschende Klasse geworden; aus einer revolutionären eine konservative. Ihre Interessen entfernen sich immer mehr von denen der Gesellschaft; die ökonomische und politische Entwicklung drängt auf ihren Umsturz hin und ihr Niedergang hat bereits begonnen. Auf der einen Seite wächst das Proletariat an Zahl, Macht, Einsicht und Kraft und entreißt der Bourgeoisie eine Position nach der anderen. Auf der anderen Seite finden wir aber auch eine anwachsende Rebellion der Kleinbürger und Bauern gegen die Bourgeoisie. Wohl sind diese Klassen ökonomisch dem Untergange geweiht, aber das führt nicht nothwendigerweise überall zu einer raschen Abnahme ihrer Zahl. In manchen Gebieten werden sie von dem fortschreitenden Kapital verdrängt, in anderen häufen sie sich dafür um so mehr an. Dort vermindert sich nicht ihre Zahl, sie kann wachsen, und damit die Konkurrenz, die sie sich machen, und das Elend, das daraus folgt. Und überall, mag die Zahl der Betriebe der Kleinhandwerker, Kleinhändler, Kleinbauern abnehmen oder nicht, ändert sich der Charakter dieser Betriebe unter dem Einfluß der kapitalistischen Entwicklung. Die Selbständigkeit und Sicherheit, die sie ihren Besitzern boten, hört auf. Aus dem Handwerker wird ein Sweater, ein Flicker, ein Händler mit Fabrikwaare. Der Kleinhändler wird ein Parasit, der aus verkommenden Existenzen seine Nahrung zieht, der von seinen Schulden und denen Anderer lebt, davon, daß es viele Fabrikanten und Großhändler giebt, die, um nur ihre Lager zu räumen, auch dem unsichersten Kunden Kredit geben, und davon, daß es so viele kleine Leute giebt, die unfähig sind, baar zu bezahlen, und daher schlecht und theuer beim Kleinhändler auf Kredit kaufen. Und der Bauer, der von dem Körnerbau nicht mehr leben kann, wird der Sklave einer Zuckerfabrik oder Molkerei, er wird Hausindustrieller, oder sein Betrieb sinkt zur Versorgungsanstalt für die nicht voll arbeitsfähigen Mitglieder seiner Familie herab; die Kinder, Greise und Krüppel betreiben die Wirthschaft, die kräftigen jungen Leute ziehen in die Stadt, und von ihren Spargroschen lebt oft der „Bauer".

Die Statistik mag mitunter nachweisen, daß die Zahl dieser Kleinbetriebe in Industrie, Handel und Landwirthschaft nicht zurückgeht, aber der Nachweis, daß Kleinbürgerthum und Bauernschaft nicht im Verkommen sind, daß die Unsicherheit, das Elend ihrer Existenz nicht beständig wächst, wird ihr nicht gelingen.

Und zu alledem kommt noch die starke Zunahme der „liberalen Berufe", die bereits zu einem starken und rasch wachsenden „Proletariat der Intelligenz" geführt hat.

Alle diese Klassen, die 1848 noch sich an die Bourgeoisie anlehnten, zahlreiche Interessen mit ihr gemein hatten, den Aufstieg zu ihr noch relativ leicht fanden, sich selbst also als embryonische Bourgeois fühlten, sie werden in den letzten Jahrzehnten durch eine mehr und mehr sich vertiefende Kluft von ihr getrennt, mit Haß und Empörung gegen sie erfüllt und gedrängt, ihr feindlich gegenüberzutreten. Und ihre Verzweiflung treibt sie immer mehr, ihren letzten Rettungsanker in der Staatsgewalt zu sehen, in der Betheiligung an der staatlichen Politik eine dringende Nothwendigkeit zu erkennen.

Inzwischen ist aber auch die Schulbildung gewachsen und der Verkehr hat sich entwickelt. Jedes Landstädtchen, jedes Dorf steht in regelmäßigem Verkehr mit den Zentren der politischen und ökonomischen Bewegung; der Dorfhandwerker und der Bauer, 1848 noch politisch völlig unwissend und in Friedenszeiten auch gleichgiltig, liest jetzt seine Zeitung. Er hat das Wahlrecht bekommen, er kann mit seinen Genossen in Versammlungen und Vereinen zusammentreten, er hat politische Macht und das Bewußtsein erlangt, daß seine politischen Ansichten für den Staat und dessen Wirthschaftspolitik nicht ohne Einfluß sind.

Alles das bewirkt, trotz des ökonomischen Verkommens des Kleinbürgerthums und Bauernthums, ja gerade in Folge desselben, ein gewaltiges Anschwellen seiner oppositionellen Bewegung im ganzen Lande, aber gleichzeitig auch den Niedergang jener

XXVII

politischen Richtung, die auf dem Zusammengehen des Klein=
bürgerthums mit der radikaleren Bourgeoisie beruhte, der bürger=
lichen Demokratie. Das führte in den deutschen Ländern zum
Aufkommen einer neuen Art Demokratie, die der Bourgeoisie
feindlich gegenüber steht und ökonomisch reaktionär auftritt. Der
Ultramontanismus, bis dahin der getreueste Verfechter des Feudal=
absolutismus, erhält nun zum Theil einen neuen Inhalt, er
wird demokratisch, oppositionell, ja er erhebt mitunter sogar den
Anspruch, sozialistisch zu sein.

Dem wachsenden Ansturm dieser reaktionären Demokratie,
der zusammenfällt mit dem wachsenden Ansturm der revolutionären
Sozialdemokratie und vielfach in diesem äußerlich sein Muster
findet, ist der Bourgeoisliberalismus nicht gewachsen. Kaum hatten
die Revolutionen von 1866 und 1870, welche die dem Jahre 1848
folgende Aera der Revolutionen von oben abschlossen, ihm die
Hindernisse aus dem Wege geräumt, die seiner Herrschaft in
Deutschland und Oesterreich im Wege standen, da begann auch
schon sein Verfall. Nirgends hat der Bourgeoisliberalismus sich
so rasch abgenützt, wie in Deutschland und Oesterreich.

Es ist leicht zu verstehen, wie dieselbe Entwicklung, die in
den deutschen Ländern den Ultramontanismus und Antisemitismus,
kurz, die reaktionäre Demokratie, groß zog und den bürgerlichen
Liberalismus zurückdrängte, in jenen Gegenden wirken mußte, in
denen Deutsche und Slaven gemischt wohnen und erstere die
Bourgeoisie, letztere die unter ihr stehenden Klassen bilden. Das
Deutschthum hört auf, die führende und entscheidende Macht zu
sein und der Prozeß der fortschreitenden Germanisirung kommt
zum Stillstand. Die Klassen, die in den deutschen Ländern sich
dem Banne der liberalen Bourgeoisie entwinden, um der reaktio=
nären Demokratie zuzuströmen, werden in den gemischtsprachigen
Gegenden zu Trägern der nationalen Bewegung. Diese erfaßt
die Landstädte, die Bauern und immer weitere Schichten der

„Intelligenz". Das numerische Wachsthum der „Intelligenz" sowie die Zunahme der Bildung, des Verkehrs und des politischen Interesses in den unteren Klassen schafft der Zeitungsliteratur, dann aber auch der Belletristik eine breitere Grundlage. Diese modernen Erscheinungen haben eine ganze Anzahl kleinerer Nationen literaturfähig gemacht, sie haben eine vlämische und norwegische Literatur ebenso geschaffen, wie eine tschechische. Dieselbe moderne Entwicklung, die in ökonomischer und wissenschaftlicher Beziehung die nationalen Schranken immer mehr niederreißt und den kleineren Nationen den Gebrauch der Weltsprachen aufbrängt, erzeugt neue nationale Literaturen.

Alles das begünstigt die Lebensfähigkeit und Widerstandskraft der tschechischen Nationalität gegenüber der deutschen. Weit entfernt, von dieser noch zurückgedrängt zu werden, beginnt sie vielmehr bereits, ihr neuen Boden abzugewinnen. Namentlich geschieht dies durch das Mittel der inneren Wanderungen. Wie überall in modernen Staaten erzeugt auch in den slavischen Ländern die Bauernschaft einen starken Bevölkerungsüberschuß, den das flache Land nicht ernähren kann, der in die Städte und Industriegegenden zieht, das heißt in unserem Fall, in ehedem ganz oder halbdeutsche Gegenden. Kommt der slavische Proletarier oder Kleinbürger in eine ganz deutsche Stadt, so wird er bald germanisirt. In Wien ist vielleicht mehr als die Hälfte der Bevölkerung slavischen Ursprungs, und doch ist Wien eine deutsche Stadt. Kommt er aber in gemischtsprachige Städte, so verstärkt er dort das slavische Element, und die Stadt wird in dem Maße slavisirt, in dem sie wächst und ihre Industrie sich entwickelt. Marx konnte in vorliegender Schrift Prag noch eine halbdeutsche Stadt nennen. Heute ist sie fast ganz tschechisch; ebenso Pilsen. Und Brünn ist kaum noch deutsch zu nennen. Aber auch in reindeutschen Industriegegenden, in denen die slavischen Arbeiter in Kolonien, isolirt von ihrer Umgebung leben, widerstehen sie der Germanisirung und tragen

zur Slavisirung der Gegend bei; so in den Industriedörfern Nord=
böhmens und Niederösterreichs und in den Bergwerksdistrikten.
Etwas Aehnliches zeigt sich in Deutschland in Westfalen, dessen
polnische Bergarbeiter ihre Nationalität bewahren, trotzdem sie in
einer völlig deutschen Gegend leben.

Die tschechische Nation ist aber nicht blos die Mutter eines
zahlreichen und energischen Proletariats, sie kommt jetzt auch in
die glückliche Lage, eine eigene Bourgeoisie aufweisen zu können;
und auch ein Theil des Abels hat sich dieser Nation trotz seines
deutschen Ursprungs angeschlossen, Dank der gemeinsamen Feind=
schaft, die beide gegen die liberale deutsche Bourgeoisie hegten.

Die tschechische Nation besitzt also heute alle Ingredienzien
eines modernen Kulturvolks. Das besagt aber, daß die Wieder=
kehr einer Haltung, wie sie die Tschechen 1848 und 1849 ein=
nahmen, und wie sie Marx für die Zukunft befürchtete, unmöglich,
daß alles, was er damals darüber sagte, heute gegenstandslos,
nur noch eine Sache historischer Erinnerung ist. 1848 war die
nationale Bewegung der Böhmen ein Klassenkampf, von einer
Klasse, dem Kleinbürgerthum, geführt. Das ermöglichte es, daß
die gesammte Nation zeitweilig als Feindin der Revolution auf=
treten konnte, und daß die nationale Bewegung eine einheitliche
war. Heute ist die tschechische Nation von denselben tiefen Klassen=
gegensätzen zerrissen, wie jede andere moderne Nation, und dies
macht es unmöglich, daß sie je wieder einheitlich einer revolutio=
nären Bewegung entgegenträte und sie verriethe.

Gleichzeitig hat aber auch der nationale Kampf in Böhmen
viel von seiner Bedeutung eingebüßt. 1848 war er ein Klassen=
kampf, ein Kampf zwischen Reaktion und Revolution, ein Kampf
auf Leben und Tod, dessen Größe man an der Größe des In=
grimms messen kann, mit dem er Marx erfüllte. Heute herrschen
unter den Tschechen dieselben Klassenunterschiede, wie unter den
Deutschen, die Gleichheit der Klasseninteressen beginnt die nationalen

Gegensätze zu überbrücken, der Gegensatz der Klassen innerhalb jeder Nation beginnt die starre nationale Geschlossenheit aufzulösen. Die nationalen Kämpfe in Oesterreich hören auf, entscheidende Bedeutung für die Geschicke der Völker zu haben; sie werden Katzbalgereien einzelner Kliquen, hinter denen theils verständnißloses Nachäffen der Tradition, theils bloße Eifersüchtelei oder gar nur das Bedürfniß steckt, schmutzige Machenschaften mit der nationalen Phrase zu decken. Eine nationale Bewegung, deren wichtigstes Kampfobjekt die Ein= oder Zweisprachigkeit von Straßentafeln oder der Sitz eines Gymnasiums ist, braucht eine wirklich revolutionäre Partei nicht zu beunruhigen.

In demselben Maße aber, in dem die Bedeutung der nationalen Kämpfe in Oesterreich abnimmt, wächst die Bedeutung des Proletariats unter den Slaven dieses Landes. Und welche reaktionären Ueberraschungen Bauern und Kleinbürger noch in petto haben mögen, diese Proletarier haben bewiesen, daß sie zum Bewußtsein ihrer Aufgaben erwacht sind, und sie allein bieten bereits, abgesehen von allem Anderen, die hinreichende Garantie, daß die österreichischen Slaven als Nationalität nie wieder die Rolle spielen werden, die sie 1848 gespielt.

Stuttgart, Mai 1896.

K. Kautsky.

Revolution und Kontre-Revolution in Deutschland

I.
Deutschland am Vorabend der Revolution.

London, September 1851.

Der erste Akt des Revolutionsdramas auf dem Kontinent von Europa ist zu Ende. Die „Mächte der Vergangenheit" vor dem Sturm von 1848 sind wieder die „Mächte der Gegenwart", und die mehr oder weniger populären Eintagsherrscher, provisorische Regenten, Triumvirn, Diktatoren, mit ihrem Schwanz von Abgeordneten, Zivilkommissären, Kriegskommissären, Präfekten, Richtern, Generälen und Soldaten, sind an fremde Küsten geworfen und „über die See verschickt" nach England oder Amerika, um dort neue Regierungen „in partibus infidelium" zu bilden, Europäische Komites, Zentralkomites, Nationalkomites, und ihr Kommen in Proklamationen zu verkünden, die ebenso feierlich sind wie die weniger imaginärer Potentaten.

Man kann sich keine entschiedenere Niederlage denken als die, welche die Revolutionspartei — oder vielmehr Parteien — des Kontinents auf allen Punkten der Schlachtlinie erlitten. Aber was hat das zu bedeuten! Hat nicht das Ringen des britischen Bürgerthums um seine gesellschaftliche und politische Herrschaft achtundvierzig Jahre, das des französischen Bürgerthums vierzig Jahre unerhörter Kämpfe umfaßt? Und war sein Triumph nicht gerade dann am nächsten, als die wiederhergestellte Monarchie sich fester im Sattel fühlte denn je? Die Zeit jenes Aberglaubens, der Revolutionen der Böswilligkeit einiger Agitatoren zuschrieb, ist längst vorbei. Heutzutage weiß Jedermann, daß überall, wo revolutionäre Erschütterungen eintreten, ein gesellschaftliches Bedürfniß dahinter sein muß, dessen Befriedigung durch überlebte Einrichtungen gehindert wird. Das Bedürfniß mag noch nicht so bringend, so allgemein empfunden werden, daß es unmittelbaren Erfolg sichert, aber jeder Versuch, es gewaltsam zu unterdrücken, muß es mit verstärkter Gewalt wieder hervortreten lassen, bis es seine Fesseln bricht.

Wenn wir also geschlagen sind, so haben wir nichts Anderes zu thun, als wieder von vorne anzufangen. Und die wahrscheinlich sehr kurze Ruhepause, die uns zwischen dem Schluß des ersten und dem Beginn des zweiten Aktes der Bewegung gegönnt ist, giebt uns glücklicherweise Zeit zu einem höchst nothwendigen Stück Arbeit: der Untersuchung der Ursachen, die sowohl die letzte Erhebung wie auch deren Niederlage mit Nothwendigkeit herbeiführten; Ursachen, die nicht in den zufälligen Bestrebungen, Talenten, Fehlern, Irrthümern oder Verräthereien einiger Führer zu suchen sind, sondern in dem allgemeinen gesellschaftlichen Zustand und den Lebensbedingungen jeder der von der Erschütterung betroffenen Nationen. Daß die plötzlichen Bewegungen des Februar und März 1848 nicht das Werk einzelner Individuen waren, sondern spontane unwiderstehliche Aeußerungen von Bedürfnissen der Völker, die mehr oder weniger deutlich begriffen, aber von großen Klassen in jedem Lande sehr deutlich empfunden wurden, ist eine allgemein anerkannte Thatsache; wenn man aber nach den Ursachen des Erfolgs der Kontrerevolution forscht, erhält man von allen Seiten die bequeme Antwort, daß es der Herr A. oder der Bürger B. gewesen sei, der das Volk „verrieth". Diese Antwort kann je nach den Umständen wahr sein oder nicht, sie kann aber unter keinen Umständen irgend etwas erklären, nicht einmal zeigen, wieso es kam, daß das „Volk" sich so verrathen ließ. Und wie kläglich sind die Aussichten einer politischen Partei, deren ganzes politisches Inventar in der Kenntniß der einzigen Thatsache besteht, daß der Bürger Soundso kein Vertrauen verdient.

Die Erforschung und Darstellung der Ursachen sowohl der revolutionären Erschütterung wie ihrer Unterdrückung sind überdies höchst wichtig von einem historischen Standpunkte aus. Alle diese kleinlichen persönlichen Zänkereien und Rekriminationen, alle diese einander widersprechenden Behauptungen — Marrast oder Ledru Rollin oder Louis Blanc oder irgend ein anderes Mitglied der provisorischen Regierung oder diese insgesammt sei der Steuermann gewesen, der die Revolution mitten unter die Klippen hineinsteuerte, an denen sie scheiterte —, von welchem Interesse können sie sein und welche Aufklärung können sie bringen für den Amerikaner oder Engländer, der alle diese verschiedenen Bewegungen aus einer Entfernung verfolgt hat, die zu groß ist, um ihn die Details der Vorgänge erkennen zu lassen? Kein vernünftiger Mensch wird jemals glauben, daß elf Männer, von zumeist höchst mittelmäßiger Begabung, sowohl im Guten wie im Bösen, im Stande gewesen wären, binnen drei Monaten eine Nation von sechsunddreißig Millionen zu Grunde zu richten, wenn nicht diese sechsunddreißig Millionen ebensowenig klar sahen wie die elf. Aber wie es kam, daß diese sechsunddreißig Millionen mit einem Male berufen wurden, selbst den Weg zu bestimmen, der einzuschlagen war, obwohl sie zum Theil in arger Dämmerung tappten; wie es kam, daß sie den Weg verfehlten und ihre früheren Lenker wieder für einen Augenblick in ihre Führerstellung zurückkehren durften, das ist gerade die Frage.

Wenn wir also versuchen, den Lesern der „Tribune" die Ursachen auseinanderzusetzen, die nicht nur die deutsche Revolution von 1848 zur Nothwendigkeit machten, sondern auch deren zeitweilige Unterdrückung 1849 und 1850 ebenso unvermeidlich herbeiführten, so darf man nicht erwarten, daß wir eine vollständige Geschichte der Ereignisse geben werden, die sich in Deutsch=

land abgespielt haben. Spätere Ereignisse und das Urtheil der kommenden Generationen werden entscheiden, welcher Theil jener wirren Masse anscheinend zufälliger, unzusammenhängender und miteinander unvereinbarer Thatsachen ein Stück der Weltgeschichte zu bilden hat. Die Zeit für diese Aufgabe ist noch nicht gekommen; wir müssen uns innerhalb der Grenzen des Möglichen halten und zufrieden sein, wenn es uns gelingt, rationelle, auf unleugbaren Thatsachen beruhende Ursachen aufzufinden, welche die wichtigsten Ereignisse, die entscheidenden Wendungen jener Bewegung erklären und uns einen Schlüssel über die Richtung geben, die der nächste und vielleicht nicht sehr ferne Ausbruch dem deutschen Volke ertheilen wird.

Zunächst, welches war der Zustand Deutschlands beim Ausbruch der Revolution?

Die Zusammensetzung der verschiedenen Klassen des Volkes, welche die Grundlage der politischen Organisationen bilden, war in Deutschland komplizirter als in irgend einem anderen Lande. Während in England und Frankreich eine kräftige und reiche Bourgeoisie, die in großen Städten und namentlich der Hauptstadt konzentrirt war, den Feudalismus gänzlich vernichtet oder wenigstens, wie in dem ersten Lande, auf einige unbedeutende Formen reduzirt hatte, besaß der Feudaladel in Deutschland noch einen großen Theil seiner alten Privilegien. Das System des feudalen Grundbesitzes herrschte fast überall vor. Die Grundherren hatten sogar die Gerichtsbarkeit über ihre Gutsunterthanen behalten. Ihrer politischen Privilegien, des Rechts, die Fürsten zu leiten, beraubt, hatten sie fast ihre ganze mittelalterliche Oberherrlichkeit über die Bauernschaft ihrer Domänen sowie die Steuerfreiheit bewahrt. Der Feudalismus war in manchen Gegenden stärker als in anderen, aber nirgends völlig vernichtet, außer auf dem linken Rheinufer. Dieser Feudaladel, damals außerordentlich zahlreich und zum Theil sehr reich, wurde offiziell als der

erste „Stand" im Lande betrachtet. Er lieferte die höheren
Regierungsbeamten und war fast ausschließlich im Besitz der
Offiziersstellen in der Armee.

Die Bourgeoisie Deutschlands war bei Weitem nicht so
reich und konzentrirt wie die Frankreichs oder Englands. Die
früheren Industrien Deutschlands waren durch das Aufkommen
der Dampfkraft und die rasch sich verbreitende Uebermacht der
englischen Industrie ruinirt worden. Die moderneren Industrien,
die unter dem Kontinentalsystem Napoleons ins Leben gerufen
worden, bestanden in anderen Theilen des Landes, bildeten keine
Entschädigung für den Verlust der älteren, und genügten nicht,
der Industrie eine Bedeutung zu verleihen, die stark genug ge=
wesen wäre, die Beachtung ihrer Bedürfnisse Regierungen auf=
zuzwingen, die jeder Vermehrung nichtadeligen Reichthums und
nichtadeliger Macht mißtrauisch gegenüberstanden. Wenn Frank=
reich seine Seidenindustrie siegreich durch fünfzig Jahre der
Revolutionen und Kriege hindurchführte, so sah Deutschland im
gleichen Zeitraum seine alte Leinenindustrie fast ganz zu Grunde
gehen. Ueberdies waren die Industriebezirke nur gering an Zahl
und weit auseinander gelegen. Sie lagen tief im Lande drin
und benutzten zu ihrer Ausfuhr und Einfuhr meist ausländische,
holländische oder belgische Häfen, so daß sie nur wenig oder gar
keine Interessen mit den großen Hafenstädten an der Nord= und
Ostsee gemein hatten; vor Allem aber waren sie unfähig, große
Industrie= und Handelszentren zu bilden, wie Paris und Lyon,
London und Manchester.

Die Ursachen dieser Rückständigkeit der deutschen Industrie
waren mannigfaltig, aber zwei genügen, sie zu erklären: die un=
günstige geographische Lage des Landes, seine Entfernung vom
atlantischen Ozean, der die große Heerstraße für den Welthandel
geworden war, und die steten Kriege, in die Deutschland ver=
wickelt war und die auf seinem Boden ausgefochten wurden vom

16. Jahrhundert bis auf den heutigen Tag. Es war der Mangel an Massen und besonders an einigermaßen konzentrirten Massen, der das deutsche Bürgerthum verhinderte, jene politische Herrschaft zu erlangen, deren sich der englische Bourgeois seit 1688 stets erfreut und die der französische 1789 erobert hat.

Und doch war in Deutschland der Reichthum und mit dem Reichthum die politische Bedeutung des Bürgerthums seit 1815 in stetem Wachsthum begriffen. Die Regierungen waren, wenn auch widerwillig, gezwungen, wenigstens seinen nächsten materiellen Interessen Rechnung zu tragen. Man darf sogar mit Recht sagen, daß von 1815 bis 1830 und von 1832 bis 1840 jedes Stück politischen Einflusses, das der Bourgeoisie in den Verfassungen der kleineren Staaten eingeräumt worden war und das ihr während der zwei genannten Perioden politischer Reaktion wieder entrissen wurde — daß jedes derartige Stück durch ein praktischeres Zugeständniß aufgewogen wurde. Jede politische Niederlage der Bourgeoisie zog einen Sieg auf dem Gebiet der Handelsgesetzgebung nach sich. Und sicherlich waren der preußische Schutzzolltarif von 1818 und die Bildung des Zollvereins für die Kaufleute und die Industriellen Deutschlands bedeutend mehr werth, als das zweifelhafte Recht, in der Kammer irgend eines Duodezstaates Ministern ihr Mißtrauen auszudrücken, die über derartige Abstimmungen lachten.

Das Wachsthum ihres Reichthums und die Ausdehnung des Handels brachte die Bourgeoisie bald auf eine Höhe, auf der sie die Entwicklung ihrer wichtigsten Interessen durch die politische Verfassung des Landes gehindert sah — durch seine tolle Zersplitterung unter sechsunddreißig Fürsten mit einander widersprechenden Bestrebungen und Launen; durch die feudalen Fesseln, die die Landwirthschaft und den mit ihr verknüpften Handel beengten; durch die zudringliche Ueberwachung, der eine unwissende und anmaßende Bureaukratie alle ihre Geschäfte unterwarf. Gleichzeitig brachten die Ausdehnung und Befestigung des Zollvereins, die Einführung des Dampfes in das Verkehrswesen, die wachsende Konkurrenz auf dem inneren Markt die kommerziellen Klassen der verschiedenen Staaten und Provinzen einander näher; sie machten ihre Interessen gleichförmiger und zentralisirten ihre Kraft. Die natürliche Folge davon war der Uebergang aller dieser Elemente in das Lager der liberalen Opposition und der siegreiche Ausgang des ersten ernsthaften Kampfes der deutschen Bourgeoisie um politische Macht. Diesen Umschwung kann man von 1840 datiren, von dem Zeitpunkt, in dem die preußische Bourgeoisie an die Spitze der Bewegung des deutschen Bürgerthums trat. Wir werden auf diese Bewegung der liberalen Opposition von 1840 bis 1847 später noch zurückkommen.

Die große Masse der Nation, die weder zum Adel noch zur Bourgeoisie gehörte, bestand in den Städten aus der Klasse der Kleinbürger und den Arbeitern, und auf dem Lande aus der Bauernschaft.

Das Kleinbürgerthum ist in Deutschland außerordentlich zahlreich in Folge der kümmerlichen Entwicklung der Klasse der großen Kapitalisten und Industriellen in diesem Lande. In den größeren Städten bildet es fast die Mehrheit der Bevölkerung, in den kleineren überwiegt es vollständig, da reichere Mitbewerber und Einflüsse dort fehlen. Diese Klasse, die in jedem modernen Staate und in jeder modernen Revolution von höchster Bedeutung ist, ist besonders wichtig in Deutschland, wo sie während der jüngsten Kämpfe die entscheidende Rolle spielte. Ihre Zwischenstellung zwischen der Klasse der größeren Kapitalisten, Kaufleute und Industriellen, der eigentlichen Bourgeoisie, und der Klasse des Proletariats bestimmt ihren Charakter. Sie strebt nach der Stellung der ersteren, aber das geringste Mißgeschick schleudert die Individuen dieser Klasse in die Reihen der letzteren. In monarchischen und feudalen Ländern bedarf das Kleinbürgerthum der Kundschaft des Hofs und der Aristokratie zu seiner Existenz;

der Verlust dieser Kundschaft kann einen großen Theil desselben ruiniren. In den kleineren Städten bilden sehr häufig eine Garnison, eine Kreisregierung, ein Gerichtshof mit seinem Anhang die Grundlage des Gedeihens der Kleinbürger. Man entziehe ihnen diese Institutionen, und die Kleinhändler, die Schneider, die Schuster, die Schreiner gehen ihrem Ruin entgegen. So schwanken sie beständig zwischen der Hoffnung, in die Reihen der wohlhabenderen Klasse einzutreten, und der Furcht, zu Proletariern oder sogar zu Paupers herabgedrückt zu werden; zwischen der Hoffnung, ihre Interessen durch Eroberung eines Antheils an der Lenkung der öffentlichen Angelegenheiten zu fördern, und der Angst, durch übel angebrachte Opposition den Zorn einer Regierung zu erregen, die über ihre Existenz selbst verfügt, da sie die Macht hat, ihnen ihre besten Kunden zu entziehen; gering sind die Mittel, die sie besitzen, und die Unsicherheit ihres Besitzes steht im umgekehrten Verhältniß zur Größe desselben: diese Klasse ist in ihren Anschauungen höchst wankelmüthig. Demüthig und kriecherisch unterwürfig unter einer starken feudalen oder monarchischen Regierung, wendet sie sich dem Liberalismus zu, wenn die Bourgeoisie im Aufsteigen begriffen ist; sie wird von heftigen demokratischen Paroxysmen ergriffen, sobald die Bourgeoisie für sich die Herrschaft errungen hat, verfällt aber der jämmerlichsten Verzagtheit, wenn die Klasse unter ihr, das Proletariat, eine selbständige Bewegung wagt.

Wir werden im Verlauf unserer Darstellung sehen, wie diese Klasse in Deutschland abwechselnd aus einem dieser Stadien in das andere übergeht.

Die Arbeiterklasse ist in Deutschland in ihrer sozialen und politischen Entwicklung ebenso weit hinter der Englands und Frankreichs zurückgeblieben, wie die deutsche Bourgeoisie hinter der Bourgeoisie dieser Länder. Wie der Herr, so der Knecht. Die Entwicklung der Existenzbedingungen für ein zahlreiches, starkes, konzentrirtes und intelligentes Proletariat geht Hand in

Hand mit der Entwicklung der Existenzbedingungen für eine zahlreiche, reiche, konzentrirte und mächtige Bourgeoisie. Die Bewegung der Arbeiterklasse ist niemals selbständig und von ausschließlich proletarischem Charakter, ehe nicht alle die verschiedenen Theile der Bourgeoisie und besonders ihr fortschrittlichster Theil, die Industriellen, die politische Macht erobert und den Staat nach ihren Bedürfnissen umgestaltet haben. Ist es so weit, dann rückt der unvermeidliche Konflikt zwischen den Unternehmern und den Arbeitern in drohende Nähe, ohne weiter hinausgeschoben werden zu können; dann ist es nicht mehr länger möglich, die Arbeiter mit trügerischen Hoffnungen und Versprechungen abzuspeisen, die niemals in Erfüllung gehen können; dann tritt endlich das große Problem des neunzehnten Jahrhunderts, die Aufhebung des Proletariats, völlig und klar zu Tage.

In Deutschland wurde die große Mehrheit der Lohnarbeiter nicht von jenen modernen Industriefürsten beschäftigt, von denen Großbritannien so ausgezeichnete Exemplare hervorgebracht hat, sondern von Kleinhandwerkern, deren ganzes Betriebssystem ein Ueberbleibsel des Mittelalters ist. Und ebenso wie ein ungeheurer Unterschied zwischen dem großen Baumwollenlord und dem kleinen Schuhflicker oder Schneidermeister besteht, ist auch der aufgeweckte Fabrikarbeiter eines industriellen Babylons durchaus verschieden von dem schüchternen Schneider- oder Schreinergesellen eines kleinen Landstädtchens, dessen Lebensverhältnisse und Arbeitsweisen sich nur wenig von denen seiner Fachgenossen vor fünf Jahrhunderten unterscheiden. Dieses allgemeine Fehlen moderner Lebensverhältnisse, moderner Produktionsweisen, war natürlich von einem ebenso allgemeinen Fehlen moderner Ideen begleitet, und man darf sich daher nicht wundern, daß nach dem Ausbruch der Revolution ein großer Theil der Arbeiter den Ruf nach sofortiger Wiederherstellung der Zünfte und mittelalterlicher privilegirter Handwerkerkorporationen erhob. Dennoch bildete sich unter dem Ein-

fluß einiger industriellen Bezirke, in denen die moderne Produktions=
weise vorherrschte, sowie des Wanderlebens vieler Arbeiter, das
regen Verkehr der Arbeiter untereinander und höhere geistige
Entwicklung mit sich brachte, ein starker Kern von Elementen,
deren Ideen von der Emanzipation ihrer Klasse weit klarer und
mit den bestehenden Thatsachen und den historischen Bedürfnissen
mehr im Einklang waren. Aber sie bildeten nur eine Minorität.
Wenn die lebhaftere Bewegung der Bourgeoisie von 1840 datirt,
so beginnt die der Arbeiterklasse mit den Erhebungen der schlesischen
und böhmischen Fabrikarbeiter im Jahre 1844, und wir werden
bald Gelegenheit haben, einen Ueberblick über die verschiedenen
Stadien zu geben, welche diese Bewegung durchlief.

Endlich war die große Klasse der kleinen Landwirthe, der
Bauern, da, die mit ihrem Anhang von Landarbeitern die große
Majorität des ganzen Volks bildet. Aber diese Klasse selbst
zerfiel in verschiedene Theile. Zuerst haben wir da die wohl=
habenderen Bauern, die sogenannten Groß= und Mittelbauern,
die mehr oder weniger ausgedehnte Güter besitzen und von
denen jeder über die Dienste mehrerer Lohnarbeiter verfügt. Für
diese Klasse, die zwischen den großen unbesteuerten feudalen
Grundbesitzern und der kleinen Bauernschaft und den Landarbeitern
stand, war aus leicht begreiflichen Gründen eine Allianz mit
der antifeudalen Bourgeoisie der Städte die natürlichste Politik.
Dann haben wir die kleinen freien Bauern, die im Rheinland
vorherrschen, wo der Feudalismus den wuchtigen Schlägen der
französischen Revolution erlegen war. Aehnliche unabhängige
Kleinbauern fanden sich auch hie und da in anderen Provinzen,
wo es ihnen gelungen war, die Feudallasten, die auf ihren Grund=
stücken lagen, mit Geld abzulösen. Aber der Besitz dieser Bauern
war nur dem Namen nach frei, da in der Regel so viel Hypo=
theken und unter so schweren Bedingungen auf ihm lasteten, daß
nicht der Bauer der wirkliche Besitzer des Landes war, sondern

der Wucherer, der das Geld vorgeschossen. Drittens waren da die feudalen Hinterfassen, die nicht leicht von ihren Gütern vertrieben werden konnten, die aber eine ewige Rente zu bezahlen oder einen gewissen Betrag von Arbeit ständig für den Grundherrn zu leisten hatten. Endlich die Landarbeiter, deren Lage auf manchen großen Gütern genau dieselbe war, wie die der gleichen Klasse in England, und die in jedem Fall als arme schlecht genährte Sklaven ihrer Herren lebten und starben. Diese drei letztgenannten Klassen der Landbevölkerung, die kleinen Freibauern, die feudalen Hinterfassen und die Landarbeiter, hatten sich bis zur Revolution ihren Kopf nie viel über die Politik zerbrochen, aber es ist klar, daß die Revolution ihnen eine neue Bahn voll der glänzendsten Aussichten eröffnete. Jeder von ihnen bot sie Vortheile, und man durfte erwarten, daß jede sich der Reihe nach ihr anschließen werde, sobald nur die Bewegung einmal ordentlich im Gange war. Aber gleichzeitig ist es ebenso klar und durch die Geschichte aller modernen Länder wohl bezeugt, daß die landwirthschaftliche Bevölkerung nie eine selbständige Bewegung mit Erfolg unternehmen kann. Dazu ist sie zu sehr über einen großen Flächenraum zerstreut und es hält schwer, einen erheblichen Theil derselben zu gemeinsamem Wirken zu vereinigen. Die Bauernschaft bedarf des einleitenden Anstoßes der konzentrirteren, aufgeklärteren und beweglicheren Bevölkerung der Städte.

Die hier gegebene kurze Skizze der wichtigsten Klassen, aus denen das deutsche Volk beim Ausbruch der jüngsten Bewegung sich zusammensetzte, wird bereits genügen, einen großen Theil sowohl des Mangels an Zusammenhang und Uebereinstimmung wie der anscheinenden Widersprüche zu erklären, welche diese Bewegung aufwies. Wenn Interessen zu einem heftigen Zusammenstoß kommen, die so verschiedenartig, so gegensätzlich sind, so merkwürdig einander kreuzen; wenn diese miteinander kämpfenden

Interessen in jedem Bezirk, jeder Provinz in anderem Verhältniß
gemischt sind; wenn, vor Allem, kein großes Zentrum im Lande
ist, kein London oder Paris, dessen Entscheidungen durch ihr
Gewicht die Bevölkerung der Nothwendigkeit entheben können, den=
selben Hader in jeder einzelnen Gegend immer wieder auszukämpfen:
was kann man da anderes erwarten, als daß der große Kampf
sich in eine Unzahl von unzusammenhängenden Einzelkämpfen auf=
löst, in denen eine ungeheuere Summe von Blut, Kraft und Kapital
aufgewendet wird und die trotz alledem ohne entscheidendes Re=
sultat bleiben.

Die politische Zerstücklung Deutschlands in drei Dutzend
mehr oder weniger bedeutende Staaten erklärt sich ebenfalls
durch dieses Durcheinander und diese Mannigfaltigkeit der Ele=
mente, die die Nation bilden und die überdies noch in jeder Gegend
anders gemischt sind. Wo die Gemeinsamkeit der Interessen fehlt,
kann es keine Einheit der Ziele, geschweige des Handelns geben.
Wohl hat man den Deutschen Bund auf ewige Zeiten für unauf=
löslich erklärt, aber trotzdem hat der Bund und sein Organ, der
Bundestag, nie die deutsche Einheit repräsentirt.

Den höchsten Grad von Zentralisation, zu dem man sich in
Deutschland aufgeschwungen, erreichte man durch die Gründung
des Zollvereins. Dadurch wurden auch die Staaten an der
Nordsee gezwungen, sich zu einer eigenen Zollvereinigung zusammen=
zuschließen, indeß Oesterreich fortfuhr, sich in seinen besonderen
prohibitiven Zolltarif einzuhüllen. Deutschland erlangte so die
Befriedigung, für alle praktischen Zwecke nur unter drei selb=
ständige Mächte getheilt zu sein, anstatt unter sechsunddreißig.
Die Oberhoheit des russischen Zaren, die 1814 begründet worden,
erlitt dadurch natürlich keine Veränderung.

Nachdem wir diese einleitenden Folgerungen aus unseren
Prämissen gezogen, wollen wir zunächst untersuchen, wie die
erwähnten verschiedenen Klassen des deutschen Volks eine nach

der anderen in Gang gebracht wurden, und welchen Charakter
die Bewegung nach dem Ausbruch der französischen Revolution
von 1848 erlangte.

(Erschienen in der „Tribune" vom 25. Oktober 1851.)

II.
Die Anfänge der liberalen Opposition.

London, September 1851.

Die politische Bewegung der Bourgeoisie in Deutschland
datirt von 1840. Ihr gingen Symptome voraus, die zeigten,
daß die kapitalbesitzende und industrielle Klasse dieses Landes
zu einem Zustande heranreifte, der ihr nicht länger gestattete,
unter dem Druck eines halb feudalen, halb bureaukratischen
Monarchismus zu bleiben. Die kleineren Fürsten Deutschlands
gewährten einer nach dem anderen Konstitutionen von mehr oder
weniger liberalem Charakter, theils um sich dadurch größere
Unabhängigkeit gegen die Uebermacht Oesterreichs und Preußens
oder gegen den Einfluß des Adels ihrer eigenen Staaten zu
sichern, theils um die unzusammenhängenden Provinzen, die der
Wiener Kongreß unter ihrem Szepter vereinigt hatte, zu einem
Ganzen zu konsolidiren. Sie konnten das thun, ohne sich selbst
irgendwie zu gefährden; denn wenn der Bundestag, diese Ma=
rionette in den Händen Oesterreichs und Preußens, versuchte,
ihre Unabhängigkeit als Souveraine anzutasten, konnten sie sicher
sein, bei ihrem Widerstande dagegen von der öffentlichen Meinung
und den Kammern gestützt zu werden; und wenn auf der anderen
Seite diese Kammern zu stark wurden, durften sie ohne Weiteres
über die Macht des Bundestags verfügen, um jede Opposition
niederzuwerfen. Die Verfassungen Bayerns, Württembergs, Ba=
dens oder Hannovers konnten unter diesen Umständen keinen

ernsthaften Kampf um politische Macht hervorrufen, und daher hielt sich auch die große Masse der deutschen Bourgeoisie im Allgemeinen fern von den kleinen Händeln, die in den gesetzgebenden Versammlungen der Kleinstaaten sich erhoben, da sie wohl wußte, daß ohne eine gründliche Aenderung in der Politik und Verfassung der beiden Großmächte Deutschlands alle untergeordneten Bemühungen und Siege erfolglos bleiben würden.

Aber zu gleicher Zeit wuchs in diesen kleinen Kammern ein Geschlecht von liberalen Juristen, berufsmäßigen Oppositionsmännern heran, die Rotteck, Welcker, Römer, Jordan, Stüve, Eisenmann, jene großen „Volksmänner", die nach einer mehr oder weniger geräuschvollen, stets aber erfolglosen Opposition von zwanzig Jahren durch die revolutionäre Sturmfluth von 1848 auf den Gipfel der Macht getragen und, nachdem sie dort ihre völlige Unfähigkeit und Unbedeutenheit gezeigt, in einem Augenblick herabgestürzt wurden. Diese ersten Exemplare des Geschäftspolitikers und des Oppositionsmannes von Beruf auf deutschem Boden gewöhnten durch ihre Reden und Schriften das deutsche Ohr an die Sprache des Konstitutionalismus und zeigten schon durch ihr Dasein das Nahen einer Zeit an, in der die Bourgeoisie sich jener politischen Phrasen bemächtigen und ihnen ihre wahre Bedeutung geben würde, mit denen diese geschwätzigen Advokaten und Professoren herumzuwerfen pflegten, ohne viel von ihrem ursprünglichen Sinn zu verstehen.

Auch die deutsche Literatur konnte sich dem Einfluß der politischen Aufregung nicht entziehen, die sich ganz Europas seit den Ereignissen von 1830 bemächtigt hatte. Ein kindlicher Konstitutionalismus oder ein noch kindlicherer Republikanismus wurden fast von allen Schriftstellern jener Zeit gepredigt. Es wurde mehr und mehr zur Gewohnheit namentlich der untergeordneten Sorte von Literaten, den Mangel an literarischem Können durch politische Anspielungen wett zu machen, die sicher waren, Auf=

merksamkeit zu erregen. Gedichte, Romane, Rezensionen, Dramen, jedes literarische Produkt strotzte von „Tendenz", wie man es nannte, das ist, von mehr oder weniger furchtsamen Aeußerungen eines regierungsfeindlichen Geistes. Um die Konfusion der Ideen zu vollenden, die nach 1830 in Deutschland herrschte, mischten sich diese Elemente politischer Opposition mit schlecht verbauten Universitätserinnerungen an deutsche Philosophie und mit mißverstandenen Brocken von französischem Sozialismus, namentlich Saint-Simonismus; und die Klique von Schriftstellern, die sich über dieses heterogene Konglomerat von Ideen verbreitete, betitelte sich selbst voll Dünkel das „Junge Deutschland" oder die „moderne Schule". Sie hat seitdem ihre Jugendsünden bereut, aber ihren Stil nicht verbessert.

Endlich hatte auch die deutsche Philosophie, dieser komplizirteste aber auch sicherste Thermometer der Entwicklung des deutschen Geistes, sich auf Seite der Bourgeoisie gestellt, als Hegel in seiner Rechtsphilosophie die konstitutionelle Monarchie für die höchste und vollendetste Form der Regierung erklärte. Mit anderen Worten, er verkündete in seiner Art, daß die Bourgeoisie des Landes nahe daran sei, zur politischen Macht zu gelangen. Nach seinem Tod blieb seine Schule nicht dabei stehen. Die radikalere Richtung seiner Anhänger unterwarf auf der einen Seite jeden religiösen Glauben der Feuerprobe einer strengen Kritik, die das altersgraue Gebäude des Christenthums in seinen Grundfesten erschütterte, auf der anderen Seite aber entwickelte sie kühnere politische Prinzipien, als das deutsche Ohr bis dahin zu hören bekommen, und versuchte sie, das ruhmreiche Andenken der Helden der ersten französischen Revolution wieder zu Ehren zu bringen. Wenn die dunkle philosophische Sprache, in welche diese Ideen gekleidet waren, den Geist des Schriftstellers und den des Lesers umnebelte, so blendete sie auch die Augen des Zensors, und daher kam es, daß die „Junghegelianer" sich einer Preßfreiheit erfreuten, die in jedem anderen Zweig der Litteratur unbekannt war.

Es war demnach klar, daß die öffentliche Meinung in Deutschland eine große Veränderung durchmachte. Die große Mehrheit jener Klassen, die ihre Bildung oder Lebensstellung in Stand setzte, unter einer absoluten Monarchie einige politische Kenntnisse zu erwerben und eine Art selbständiger politischer Meinung zu bilden, vereinigten sich nach und nach in eine einzige mächtige Phalanx der Opposition gegen das bestehende System. Wenn man über die Langsamkeit der politischen Entwicklung in Deutschland urtheilt, sollte man niemals vergessen, die ungeheueren Schwierigkeiten in Betracht zu ziehen, die der Erlangung richtiger Einsicht auf irgend einem Gebiete in einem Lande im Wege stehen, wo alle Quellen des Wissens unter der Botmäßigkeit der Regierung sind, wo nirgends, von der Dorfschule bis zur Zeitung und zur Universität, etwas gesagt, gelehrt, gedruckt oder veröffentlicht werden darf, das nicht vorher die Genehmigung der Regierung erhalten hat. Nehmen wir z. B. Wien. Die Bevölkerung von Wien, die in Bezug auf Gewerbefleiß vielleicht keiner in Deutschland nachsteht, die an Geist, Muth und revolutionärer Energie sich allen anderen weit überlegen erwiesen hat, war doch unwissender über ihre wirklichen Interessen und beging mehr Fehler während der Revolution, als die Bevölkerung an anderen Orten, und dies war in sehr großem Maße der fast absoluten Unwissenheit über die gewöhnlichsten politischen Verhältnisse zuzuschreiben, in der Metternichs Regierung sie zu erhalten gewußt hatte.

Es bedarf keiner weiteren Erklärung, warum unter einem solchen System das politische Wissen das fast ausschließliche Monopol jener Klassen der Gesellschaft war, welche die Mittel besaßen, seine Einschmuggelung in das Land zu bezahlen, und namentlich jener, deren Interessen durch den bestehenden Stand der Dinge am schwersten getroffen wurden, das heißt, der industriellen und kommerziellen Klassen. Diese waren daher die ersten, die sich in Masse gegen die Fortsetzung eines mehr oder weniger verhüllten

Absolutismus wandten, und von der Zeit ihres Eintretens in die Opposition ist die wirkliche revolutionäre Bewegung in Deutschland zu datiren.

Als den Zeitpunkt der oppositionellen Erhebung der deutschen Bourgeoisie kann man das Jahr 1840 betrachten, den Tod Friedrich Wilhelms III. von Preußen, des letzten noch lebenden Gründers der heiligen Allianz von 1815. Man wußte von dem neuen König, er sei kein Freund der überwiegend bureaukratischen und militärischen Monarchie seines Vaters. Was die französische Bourgeoisie von Ludwig XVI. erwartet hatte, erhoffte die deutsche bis zu einem gewissen Grade von Friedrich Wilhelm IV. von Preußen. Auf allen Seiten war man einig, daß das alte System überlebt und bankerott sei und aufgegeben werden müsse, und was man unter dem alten König schweigend ertragen, wurde nun laut für unerträglich erklärt.

Aber wenn Ludwig XVI., Louis le Désiré, ein einfacher, anspruchsloser Einfaltspinsel war, seiner eigenen Nichtigkeit halb bewußt, ohne bestimmte Ideen, hauptsächlich von den Gewohnheiten geleitet, die er während seiner Erziehung erworben, war „Friedrich Wilhelm le Désiré" ganz anderer Art. Er übertraf sicher sein französisches Original an Charakterschwäche, war aber dabei weder ohne Ansprüche, noch ohne Ideen. In dilettantischer Weise hatte er sich mit den Elementen der meisten Wissenschaften bekannt gemacht und hielt sich daher für kenntnißreich genug, sein Urtheil in jeder Sache für entscheidend anzusehen. Er war überzeugt, er sei ein Redner ersten Ranges, und es gab sicher keinen Handlungsreisenden in Berlin, der ihn an Fülle vermeintlichen Witzes oder an Geläufigkeit im Sprechen übertreffen konnte. Und vor Allem hatte er seine Ideen. Er haßte und verachtete das bureaukratische Element der preußischen Monarchie, aber nur, weil alle seine Sympathien dem feudalen Element gehörten. Einer der Gründer und Hauptmitarbeiter des Berliner „Politischen Wochenblatts", der sogenannten historischen Schule (einer Schule, die von den Ideen Bonalds, de Maistres und anderer Schriftsteller der ersten Generation der französischen Legitimisten zehrte), strebte er eine möglichst vollständige Wiederherstellung der sozialen Vorherrschaft des Adels an. Der König sollte der erste Edelmann des Reiches sein, umgeben zunächst von einem glänzenden Hofstaat mächtiger Vasallen, Fürsten, Herzoge und Grafen, und dann von einem zahlreichen und reichen niederen Adel; er sollte nach seinem Gutdünken über seine getreuen Bürger und Bauern herrschen, als das Haupt einer vollständigen Hierarchie gesellschaftlicher Abstufungen oder Kasten, von denen jede ihre besonderen Privilegien besaß und durch eine fast unübersteigbare Schranke der Geburt oder einer festbestimmten gesellschaftlichen Stellung von den anderen getrennt war; und dabei sollten alle diese Kasten oder Stände des Reiches einander an Macht und Einfluß so trefflich das Gleichgewicht halten, daß das Handeln des Königs völlig frei blieb: das war das beau ideal, das Friedrich Wilhelm IV. verwirklichen wollte und das er jetzt wieder zu verwirklichen strebt.

Es dauerte einige Zeit lang, bis die preußische Bourgeoisie, in theoretischen Fragen nicht sehr bewandert, den wirklichen Charakter der Absichten ihres Königs herausfand. Aber was sie sehr bald merkte, war die Thatsache, daß seine Neigungen sich auf Dinge richteten, die das gerade Gegentheil dessen waren, was sie brauchte. Kaum war das Mundwerk des neuen Königs durch den Tod seines Vaters entfesselt, da machte er sich auch schon daran, seine Intentionen in Reden ohne Zahl zu verkünfdigen; und jede Rede, jede That entfremdete ihm immer mehr die Sympathien der Bourgeoisie. Er hätte sich nicht viel darum gekümmert, wären nicht einige harte und beunruhigende Thatsachen dagewesen, die seine poetischen Träume störten. Wie traurig, daß die Romantik so schlecht zu rechnen versteht und daß der Feudalismus seit Don Quixote stets die Rechnung ohne den Wirth macht! Friedrich

Wilhelm IV. besaß zu viel von jener Verachtung für baares Geld, die seit jeher das edelste Erbstück der Söhne der Kreuz= fahrer gewesen ist. Er fand bei seiner Thronbesteigung ein kost= spieliges, wenn auch knauserig eingerichtetes Regierungssystem vor, und einen mäßig gefüllten Staatsschatz. Nach zwei Jahren war jede Spur eines Ueberschusses in Hoffesten, königlichen Reisen, Gnaden= gaben, Unterstützungen an hungernde und lungernde, schmierige und gierige Adelige u. s. w. aufgegangen und die regelmäßigen Steuern genügten nicht mehr für die Bedürfnisse des Hofs und der Regie= rung. Und so fand sich Seine Majestät bald in der Klemme zwischen einem unverhüllbaren Defizit auf einer Seite und einem Gesetz von 1820 auf der anderen, das jede neue Anleihe und jede Vermehrung der bestehenden Steuern ohne Zustimmung der „künftigen" Volksvertretung ungesetzlich machte. Diese Volks= vertretung bestand nicht; der neue König war noch weniger ge= neigt, als selbst sein Vater, sie zu schaffen; und wäre er dazu geneigt gewesen, so wußte er, daß die öffentliche Meinung seit seinem Regierungsantritt ganz erstaunlich gewechselt hatte.

Die Bourgeoisie, die zum Theil erwartet hatte, der neue König werde sofort eine Konstitution gewähren, Preßfreiheit und Schwurgerichte geben u. s. w., kurz, sich selbst an die Spitze der friedlichen Revolution stellen, die sie brauchte, um die politische Macht zu erlangen — die Bourgeoisie hatte ihren Irrthum ein= gesehen und sich wüthend gegen den König gewendet. In der Rheinprovinz und mehr oder weniger in ganz Preußen war sie so erbittert, daß sie, da ihr nicht genug fähige Männer zur Verfügung standen, die sie in der Presse vertreten konnten, sich zu einer Allianz mit der extremen philosophischen Richtung be= quemte, von der wir oben gesprochen. Die Frucht dieser Allianz war die „Rheinische Zeitung" in Köln, die nach fünfzehnmonat= lichem Bestehen unterdrückt wurde, von der man aber das moderne Zeitungswesen in Deutschland datiren kann. Das war 1842.

Der arme König, dessen geschäftliche Schwierigkeiten die schärfste Satire auf seine mittelalterlichen Neigungen bildeten, merkte bald, daß er nicht weiter regieren könne ohne ein kleines Zugeständniß an das allgemeine Verlangen nach jener Volksvertretung, die als der letzte Rest der lang vergessenen Versprechungen von 1813 und 1815 in dem Gesetz von 1820 erwähnt war. Er hielt es für den am wenigsten unangenehmen Weg, diesem lästigen Gesetz zu genügen, wenn er die ständigen Ausschüsse der Provinzialstände zusammenberief. Die Provinzialstände waren 1823 für jede der acht Provinzen des Königreichs eingerichtet worden und bestanden 1. aus dem höheren Adel, den ehedem souveränen Familien des Deutschen Reichs, deren Häupter durch Geburt Mitglieder der ständischen Versammlung waren; 2. aus den Vertretern der Ritterschaft oder des niederen Adels; 3. aus den Vertretern der Städte; 4. aus Abgeordneten der Bauernschaft oder der Klasse der kleinen Landwirthe. Das Ganze war so eingerichtet, daß in jeder Provinz die zwei Abtheilungen des Adels immer die Majorität in der Versammlung hatten. Jeder dieser acht Provinzial-Landtage erwählte einen Ausschuß, und diese acht Ausschüsse wurden nun nach Berlin berufen, um eine Volksvertretung zu bilden, welche die so heißbegehrte Anleihe bewilligen sollte. Man erklärte, der Staatsschatz sei gefüllt und die Anleihe sei nicht für die Deckung laufender Bedürfnisse, sondern für den Bau einer Staatseisenbahn benöthigt. Aber die vereinigten Ausschüsse antworteten dem König mit einer direkten Weigerung, indem sie sich für inkompetent erklärten, als eine Volksvertretung zu handeln, und Seine Majestät aufforderten, das Versprechen einer Repräsentativverfassung einzulösen, das sein Vater gegeben, als er die Hilfe des Volks gegen Napoleon brauchte.

Die Sitzung der vereinigten Ausschüsse hatte gezeigt, daß der oppositionelle Geist nicht mehr auf die Bourgeoisie beschränkt war. Ein Theil der Bauernschaft war zu ihr gestoßen, und

viele Adelige, die selbst große Landwirthschaft auf ihren eigenen
Gütern betrieben und mit Korn, Wolle, Spiritus und Flachs
handelten, hatten sich ebenfalls gegen die Regierung und für eine
Repräsentativverfassung ausgesprochen, da sie gleichfalls Garantien
gegen den Absolutismus, die Bureaukratie und die Wiederauf=
richtung des Feudalismus brauchten. Der Plan des Königs war
völlig gescheitert; er hatte kein Geld bekommen und die Macht
der Opposition gestärkt. Die folgende Sitzung der Provinzialstände
selbst verlief noch unglücklicher für den König. Sie alle forderten
Reformen, die Erfüllung der Versprechungen von 1813 und 1815,
die Gewährung einer Verfassung und der Preßfreiheit; die darauf
bezüglichen Resolutionen einiger der Stände führten eine ziemlich
respektlose Sprache, und die übellaunigen Antworten des auf=
gebrachten Königs machten das Uebel noch ärger.

Inzwischen wuchsen die finanziellen Schwierigkeiten der Re=
gierung immer mehr. Durch widerrechtliche Verwendung von
Geldern, die für verschiedene Zweige des öffentlichen Dienstes
bestimmt waren, und durch unsaubere Geschäfte mit der „See=
handlung", einem Handelsinstitut, das auf Rechnung und Risiko
des Staats spekulirte und handelte und seit Langem als dessen
Geldmakler fungirte, gelang es eine Zeit lang, den Schein der
Zahlungsfähigkeit zu wahren; die vermehrte Ausgabe von staat=
lichem Papiergeld lieferte auch einige Hilfsmittel; und im Ganzen
wurde das Geheimniß der Finanzlage gut gewahrt. Aber alle
diese Auskunftsmittel waren bald erschöpft. Nun versuchte man
etwas Anderes: die Gründung einer Bank, deren Kapital zum
Theil vom Staat, zum Theil von privaten Aktionären geliefert
werden und deren oberste Leitung in den Händen des Staats sein
sollte, derart, daß die Regierung im Stande war, dieser Bank
große Summen zu entnehmen und so dieselben betrügerischen
Transaktionen zu wiederholen, zu denen sich die „Seehandlung"
nicht länger verstehen wollte. Aber natürlich fanden sich keine

Kapitalisten, die ihr Geld unter solchen Bedingungen hergeben mochten. Die Statuten der Bank mußten geändert und das Eigenthum der Aktionäre gegen Uebergriffe des Finanzministers gesichert werden, bevor Aktien gezeichnet wurden. Nachdem auch dieser Plan mißglückt war, blieb nichts übrig, als eine Anleihe aufzunehmen, das heißt, wenn Kapitalisten zu finden waren, die ihr Geld herliehen, ohne die Garantie und die Zustimmung jener mysteriösen „künftigen Volksvertretung" zu fordern. Man wandte sich an Rothschild, und der erklärte, wenn diese Volksvertretung die Anleihe garantire, übernehme er sie ohne Weiteres — wenn nicht, dann wolle er mit dem Geschäft nichts zu thun haben.

So verschwand jede Hoffnung, Geld zu bekommen, und es bestand keine Möglichkeit, der fatalen „Volksvertretung" zu entgehen. Rothschilds Weigerung wurde im Herbst 1846 bekannt, und im Februar des nächsten Jahres berief der König die gesammten Provinzialstände der Monarchie nach Berlin, um aus ihnen einen „Vereinigten Landtag" zu bilden. Diesem Landtag wurde als Aufgabe jene Thätigkeit gestellt, die das Gesetz von 1820 erforderlichen Falls vorschrieb: Das Bewilligen von Anleihen und neuen Steuern; darüber hinaus sollte er keine Rechte haben. Bei der Gesetzgebung sollte er nur eine berathende Stimme besitzen; er sollte nicht in bestimmten Zeiten, sondern nach dem Gutdünken des Königs zusammentreten; er sollte nur Angelegenheiten diskutiren dürfen, die es der Regierung beliebte, ihm vorzulegen. Natürlich waren die Mitglieder des Landtags nur wenig von der Rolle erbaut, die ihnen da zugedacht war. Sie wiederholten die Wünsche, die sie in den Provinzialständen kundgegeben. Die Beziehungen zwischen ihnen und der Regierung spitzten sich zusehends zu, und als man von ihnen die Bewilligung der Anleihe forderte, die wieder durch die Nothwendigkeit von Eisenbahnbauten motivirt wurde, lehnten sie sie abermals ab.

Dieses Votum machte den Sitzungen des Landtags bald ein Ende. Der König, der immer erbitterter wurde, entließ ihn mit einem Tadel, aber immer noch blieb er ohne Geld. Und er hatte alle Ursache, über seine Lage bestürzt zu sein, wenn er sah, daß die liberale Partei, an deren Spitze die Bourgeoisie stand, die einen großen Theil des niederen Adels und alle die mannigfachen Unzufriedenen umfaßte, die sich in den verschiedenen Theilen der unteren Stände angesammelt — daß diese liberale Partei entschlossen war, zu erlangen, was sie wollte. Umsonst hatte der König in der Rede, mit der er die Versammlung eröffnete, erklärt, er werde niemals, niemals eine Verfassung im modernen Sinne des Wortes gewähren; die liberale Partei bestand auf einer derartigen modernen, antifeudalen Repräsentativverfassung mit allen ihren Konsequenzen, Preßfreiheit, Geschwornengerichte ꝛc., und ehe sie diese erhielt, sollte nicht ein Pfennig bewilligt werden. Eines war klar: lange konnten die Dinge in dieser Weise nicht weiter gehen, und entweder mußte einer der beiden Theile nachgeben, oder es mußte zum gewaltsamen Bruch, zu einem blutigen Kampfe kommen. Und die Bourgeoisie wußte, daß sie am Vorabend einer Revolution stand, und sie bereitete sich für diese vor. Durch alle möglichen Mittel suchte sie die Unterstützung der Arbeiterklasse der Städte und der Bauernschaft des flachen Landes zu gewinnen, und zu Ende des Jahres 1847 war anerkanntermaßen kaum ein einziger hervorragender politischer Charakter unter der Bourgeoisie zu finden, der sich nicht für einen „Sozialisten" ausgab, um die Sympathie des Proletariats zu erwerben. Wir werden noch diese „Sozialisten" an der Arbeit sehen.

Dieser Drang der führenden Bourgeoisie, wenigstens den äußerlichen Anschein des Sozialismus anzunehmen, war die Folge einer großen Veränderung, welche die Arbeiterklasse Deutschlands durchgemacht hatte. Seit 1840 war ein Theil der deutschen Arbeiter, die in Frankreich und der Schweiz auf Wanderschaft ge=

wesen, mehr oder weniger von den unreifen sozialistischen oder kommunistischen Anschauungen erfüllt, die damals unter den französischen Arbeitern im Schwange waren. Das zunehmende Interesse, das man seit 1840 derartigen Ideen in Frankreich zollte, brachte den Sozialismus und Kommunismus auch in Deutschland in die Mode, und von 1843 an waren alle Zeitungen voll von Erörterungen sozialer Fragen. Sehr bald bildete sich eine sozialistische Schule in Deutschland, die sich mehr durch die Dunkelheit als durch die Neuheit ihrer Ideen auszeichnete; ihre Hauptthätigkeit bestand darin, Fourieristische, Saint Simonistische und andere Lehren aus dem Französischen in die abstruse Sprache der deutschen Philosophie zu übersetzen. Die deutsche Schule der Kommunisten, die gänzlich verschieden ist von dieser Sekte, wurde ungefähr um dieselbe Zeit gebildet.

1844 kam es zu den Aufständen der schlesischen Weber, denen die Erhebung der Kattundrucker in Prag folgte. Diese Unruhen, die grausam unterdrückt wurden, Erhebungen von Arbeitern nicht gegen die Regierung, sondern gegen die Unternehmer, machten tiefen Eindruck und gaben der sozialistischen und kommunistischen Propaganda unter den Arbeitern einen neuen Antrieb. Ebenso wirkten die Brotkrawalle im Hungerjahr 1847. Kurz, in derselben Weise, wie die konstitutionelle Opposition um ihr Banner die große Masse der besitzenden Klassen schaarte (mit Ausnahme der großen feudalen Grundbesitzer), so erwartete die Arbeiterklasse der größeren Städte ihre Emanzipation von den sozialistischen und kommunistischen Lehren, obwohl man ihnen unter den bestehenden Preßgesetzen nur sehr wenig darüber mittheilen konnte. Man durfte nicht erwarten, daß sie sehr klare Ideen über das, was sie wollten, hegten — sie wußten nur, daß das Programm der konstitutionellen Bourgeoisie nicht alles enthielt, was sie brauchten, und daß ihre Bestrebungen in dem konstitutionellen Ideenkreise in keiner Weise enthalten waren.

Es gab also keine besondere republikanische Partei in Deutschland. Die Leute waren entweder konstitutionelle Monarchisten oder mehr oder weniger klare Sozialisten oder Kommunisten.

Angesichts dieser Elemente mußte der geringste Zusammenstoß zu einer großen Revolution führen. Und während der höhere Adel und die älteren Beamten und Offiziere die einzige sichere Stütze des bestehenden Systems bildeten; während der niedere Adel, die industrielle und kommerzielle Bourgeoisie, die Universitäten, die Lehrer jeden Ranges und sogar ein Theil der unteren Rangklassen der Bureaukratie und der Offiziere sich alle gegen die Regierung vereinigten; während hinter diesen die unzufriedenen Massen der Bauernschaft und des großstädtischen Proletariats standen, die vorläufig noch die liberale Opposition unterstützten, aber schon seltsame Andeutungen laut werden ließen von der Absicht, die Dinge selbst in die Hand zu nehmen; während die Bourgeoisie bereit war, die Regierung niederzuwerfen, und die Proletarier bereit, dann die Bourgeoisie niederzuwerfen, verfolgte diese Regierung hartnäckig einen Kurs, der nothwendiger Weise einen Zusammenstoß herbeiführen mußte. Deutschland stand im Beginn des Jahres 1848 am Vorabend einer Revolution, und diese Revolution wäre sicher gekommen, auch wenn die französische Februarrevolution sie nicht beschleunigt hätte.

Welche Wirkungen diese Pariser Revolution auf Deutschland hatte, werden wir bald sehen.

(Erschienen in der „Tribune" vom 28. Oktober 1851.)

III.

Die religiöfe Oppofition. Die Idee der deutfchen Einheit.

London, September 1851.

In unferem letzten Artikel befchränkten wir uns faft ausfchließlich auf jenen Staat, der von 1840 bis 1848 bei weitem der wichtigfte in der deutfchen Bewegung war, nämlich auf Preußen. Wir müffen jedoch noch einen rafchen Blick auf die anderen Staaten während desfelben Zeitraums werfen.

Die Kleinftaaten waren feit der revolutionären Bewegung von 1830 vollftändig unter die Diktatur des Bundestags, das heißt Oefterreichs und Preußens, gerathen. Die verfchiedenen Verfaffungen derfelben waren gegeben worden, nicht nur um ihre fürftlichen Urheber populär zu machen und den heterogenen Vereinigungen von Provinzen, die der Wiener Kongreß ohne jegliches leitende Prinzip gebildet, Zufammenhang zu geben, fondern auch, um als Vertheidigungsmittel gegen die Diktate der größeren Staaten zu dienen. So illuforifch diefe Verfaffungen auch waren, hatten fie fich doch während der aufgeregten Zeiten von 1830 und 1831 als gefährlich für die Autorität der kleinen Fürften felbft erwiefen. Sie wurden faft völlig vernichtet; der Reft, den man fortbeftehen ließ, war weniger als ein Schatten, und es gehörte die gefchwätzige Selbftgefälligkeit eines Welcker, Rotteck, Dahlmann dazu, fich einzubilden, die unterthänige Oppofition, gemifcht mit entwürdigender Kriecherei, die fie in den ohnmächtigen Kammern diefer Kleinftaaten an den Tag legen durften, könne irgend ein Ergebniß zeitigen.

Der energifchere Theil der Bourgeoifie in den kleineren Staaten gab bald nach 1840 jede Hoffnung auf, die er früher auf die Ent=

wicklung einer parlamentarischen Regierung in diesen Anhängseln Oesterreichs und Preußens gesetzt. Kaum hatte die preußische Bourgeoisie sammt den mit ihr verbündeten Klassen den ernsten Entschluß gezeigt, für ein parlamentarisches Regime in Preußen zu kämpfen, da überließ man ihr auch schon die Führung der konstitutionellen Bewegung im ganzen nichtösterreichischen Deutschland. Es ist eine Thatsache, die heute nicht mehr bestritten werden wird, daß die ersten Elemente jener Konstitutionalisten von Mitteldeutschland, die später aus der Frankfurter Nationalversammlung ausschieden und nach dem Orte, an dem sie ihre Separatversammlungen abhielten, die Gothaer genannt wurden, lange vor 1848 einen Plan erwogen, den sie 1849 mit geringen Abänderungen den Vertretern ganz Deutschlands vorlegten. Sie beabsichtigten die völlige Ausschließung Oesterreichs aus dem deutschen Bunde, die Begründung eines neuen Bundes mit einem neuen Grundgesetz und mit einem Bundesparlament unter dem Schutze Preußens, und die Einverleibung der kleineren Staaten in die größeren. Alles dies sollte ausgeführt werden, sobald Preußen in die Reihe der konstitutionellen Monarchien eintrat, die Freiheit der Presse einführte, eine von Rußland und Oesterreich unabhängige Politik annahm und so die Konstitutionalisten der kleineren Staaten in Stand setzte, eine wirkliche Gewalt über ihre Regierungen zu erhalten. Der Erfinder dieses Planes war Professor Gervinus von Heidelberg. Die Emanzipation der preußischen Bourgeoisie sollte also das Signal für die Emanzipation der Bourgeoisie von Deutschland überhaupt und für die Begründung eines Offensiv- und Defensivbündnisses gegen Rußland und Oesterreich sein. Denn Oesterreich wurde, wie wir gleich sehen werden, als ein ganz barbarisches Land betrachtet, von dem man wenig wußte, und das Wenige war nicht sehr schmeichelhaft für seine Bevölkerung; Oesterreich wurde daher als kein wesentlicher Bestandtheil Deutschlands betrachtet.

Die anderen Klassen der Gesellschaft in den Kleinstaaten folgten mit größerer oder geringerer Schnelligkeit den Spuren von ihresgleichen in Preußen. Die Kleinbürger wurden immer unzufriedener mit ihren Regierungen, mit dem Anwachsen der Steuerlast, mit der Verkürzung der Scheinrechte, mit denen sie sich zu brüsten pflegten, wenn sie sich mit den „Sklaven des Despotismus" in Oesterreich und Preußen verglichen; aber bisher wies ihre Opposition noch kein bestimmtes Ziel auf, das sie zu einer selbständigen Partei hätte stempeln können, die sich von dem Konstitutionalismus der höheren Bourgeoisie unterschied. Unter der Bauernschaft wuchs die Unzufriedenheit in gleicher Weise, aber es ist bekannt, daß dieser Theil der Bevölkerung in ruhigen und friedlichen Zeiten niemals seine Interessen geltend macht und als eine selbständige Klasse auftritt, außer in Ländern, in denen das allgemeine Stimmrecht herrscht. Die industriellen Arbeiter der Städte begannen vom „Gift" des Sozialismus und Kommunismus angesteckt zu werden; aber da es wenige Städte von Bedeutung außerhalb Preußens gab, und noch weniger Industriebezirke, war in Folge des Mangels von Zentren der Agitation und Propaganda die Bewegung dieser Klasse in den kleineren Staaten sehr langsam.

Sowohl in Preußen wie in den Kleinstaaten erzeugte die Schwierigkeit, der politischen Opposition Ausdruck zu geben, eine Art religiöser Opposition in den Parallelbewegungen des Deutschkatholizismus und der freien Gemeinden. Die Geschichte bietet uns zahlreiche Beispiele dafür, daß in Ländern, die sich der Segnungen einer Staatskirche erfreuen und in denen die politische Diskussion eingeengt ist, die profane und gefährliche Opposition gegen die weltliche Macht sich hinter den erhabeneren und anscheinend selbstloseren Kampf gegen die geistige Knechtschaft verbirgt. Manche Regierung, die nicht duldet, daß irgend eine ihrer Handlungen diskutirt werde, trägt Bedenken Märtyrer zu schaffen und den religiösen Fanatismus der Massen zu entzünden. In Deutschland galt 1845 in jedem Staate entweder die römisch-katholische oder die protestantische Religion, oder beide, als ein Bestandtheil des im Lande herrschenden Rechtes. Und in jedem dieser Staaten bildete der Klerus einer dieser Konfessionen oder beider einen wesentlichen Theil des staatlichen Beamtenthums. Ein Angriff auf die katholische oder protestantische Orthodoxie, ein Angriff auf die Priesterschaft bedeutete also einen versteckten Angriff auf die Regierung selbst. Was die Deutschkatholiken anbelangt, so war schon ihr bloßes Bestehen ein Angriff auf die katholischen Regierungen Deutschlands, besonders Oesterreichs und Bayerns; und so wurde es auch von diesen aufgefaßt. Die Freigemeindler, protestantische Dissidenten, die einige Aehnlichkeit mit den englischen und amerikanischen Unitariern haben, erklärten offen ihre Opposition gegen die klerikalen und streng orthodoxen Tendenzen des Königs von Preußen und seines Günstlings, des Kultusministers Eichhorn. Die beiden Sekten, die sich vorübergehend äußerst rasch verbreiteten, die erstere in katholischen, die andere in protestantischen Gegenden, unterschieden sich blos durch ihren verschiedenen Ursprung; was ihre Lehren anbelangt, so waren sie in dem einen höchst wichtigen Punkt völlig einig, daß alle festgesetzten Dogmen werthlos seien. Dieser Mangel an jeder Bestimmtheit machte den Kern ihres Wesens aus; sie behaupteten, sie würden den großen Tempel erbauen, unter dessen Dach alle Deutschen sich zusammenfinden könnten; sie repräsentirten also in religiöser Form eine andere politische Idee des Tages, die der deutschen Einheit; aber trotzdem konnten sie untereinander nie einig werden.

Die Idee der deutschen Einheit, welche die eben erwähnten Sekten wenigstens auf religiösem Gebiete zu verwirklichen suchten, indem sie eine gemeinsame Religion für alle Deutschen erfanden, die speziell für ihre Bedürfnisse, Gewohnheiten und Neigungen fabrizirt war — diese Idee war in der That weit verbreitet, besonders in den kleineren Staaten. Seit der Auflösung des Deutschen Reiches durch Napoleon hatte der Ruf nach der Vereinigung der disjecta membra Deutschlands den allgemeinsten Ausdruck der Unzufriedenheit mit der bestehenden Ordnung gebildet, namentlich in den Kleinstaaten, wo die Kostspieligkeit eines Hofes, einer Staatsverwaltung, einer Armee, kurz das ganze Gewicht der Besteuerung in direktem Verhältniß zur Kleinheit und Ohnmacht des Staates wuchs. Aber wie diese deutsche Einheit aussehen sollte, wenn sie verwirklicht wurde, das war eine Frage, über die die Meinungen der Parteien auseinander gingen. Die Bourgeoisie, die keine gefährlichen revolutionären Erschütterungen wünschte, war mit jener „praktischen" Lösung zufrieden, die wir bereits kennen gelernt haben, nämlich einem Bund, der ganz Deutschland mit Ausschluß Oesterreichs umfaßte, unter der Oberhoheit eines konstitutionellen Regimes in Preußen; und sicher konnte man damals nicht mehr erlangen ohne bedrohliche Stürme heraufzubeschwören. Die Kleinbürger und die Bauern, soweit die letzteren sich überhaupt um dergleichen kümmerten, kamen nie zu einer Definition jener deutschen Einheit, die sie so lärmend forderten; einige Träumer, meist feudale Reaktionäre, hofften auf eine Wiederaufrichtung des Deutschen Reiches; ein paar unwissende soi disant Radikale, welche die Einrichtungen der Schweiz bewunderten, mit denen sie noch nicht die praktische Bekanntschaft gemacht, die sie später in so lächerlicher Weise enttäuschte, erklärten sich für eine Föderativrepublik; und nur die extremste Partei wagte es damals, für die eine und untheilbare deutsche Republik einzutreten. So war die deutsche Einheit eine Frage, die in ihrem Schooße Uneinigkeit, Zwietracht und unter Umständen den Bürgerkrieg barg.

Um es kurz zusammenzufassen, so war der Zustand Preußens und der kleineren Staaten in Deutschland zu Ende des Jahres 1847 folgender: Die Bourgeoisie fühlte ihre Kraft und war entschlossen, nicht länger die Fesseln zu ertragen, mit denen ein feudaler und bureaukratischer Despotismus ihre Handelsgeschäfte, ihre industrielle Leistungsfähigkeit, ihr gemeinsames Handeln als Klasse einschnürte; ein Theil des Landadels hatte sich so weit in Produzenten von Waaren für den Markt verwandelt, daß er die gleichen Interessen mit der Bourgeoisie hatte und sich ihr anschloß; das Kleinbürgerthum war unzufrieden, murrte über die Steuern, über die Hindernisse, die seiner geschäftlichen Thätigkeit in den Weg geworfen wurden, besaß aber kein bestimmtes Programm von Reformen, die versprachen, seine Stellung in Staat und Gesellschaft zu sichern; die Bauernschaft wurde niedergedrückt theils von den feudalen Lasten, theils von den Anforderungen der Wucherer und Advokaten; die Arbeiter in den Städten waren ergriffen von der allgemeinen Unzufriedenheit, haßten in gleicher Weise die Regierung und die großen industriellen Kapitalisten und verfielen der Ansteckung durch sozialistische und kommunistische Ideen; kurz, die Opposition bildete eine heterogene Masse, die von den verschiedensten Interessen getrieben, aber mehr oder weniger von der Bourgeoisie geführt wurde, in deren Reihen wieder die Bourgeoisie Preußens voranmarschirte, namentlich die der Rheinprovinz.

Auf der anderen Seite finden wir Regierungen, die in zahlreichen Punkten uneinig waren, voll Mißtrauen gegeneinander und vor Allem gegen Preußen, auf dessen Schutz sie sich doch angewiesen sahen; in Preußen eine Regierung, aufgegeben von der öffentlichen Meinung, aufgegeben sogar von einem Theil des Adels, gestützt auf eine Armee und eine Bureaukratie, die jeden Tag mehr von den Ideen der oppositionellen Bourgeoisie angesteckt wurden und mehr ihrem Einfluß unterlagen — und, zu alledem, eine Regierung mit völlig geleerten Kassen, die keinen Pfennig auftreiben konnte, um das wachsende Defizit zu decken, ohne vor der Opposition der Bourgeoisie zu kapituliren. (Gab es jemals eine glänzendere Stellung für die Bourgeoisie eines Landes in ihrem Kampfe um Macht gegen die bestehende Regierung? (Erschienen in der „Tribune" vom 6. November 1851.)

IV.
Oesterreich.

London, September 1851.

Wir haben nun Oesterreich zu betrachten, jenes Land, das bis zum März 1848 den Augen des Auslands fast ebenso fest verschlossen war wie China vor dem letzten Krieg mit England.

Natürlich können wir hier nur Deutschösterreich in Betracht ziehen. Die Angelegenheiten der polnischen, ungarischen, italienischen Oesterreicher gehören nicht zu unserem Thema, und soweit sie seit 1848 die Schicksale der Deutschösterreicher beeinflußt haben, werden sie später in Betracht kommen.

Die Regierung des Fürsten Metternich drehte sich um zwei Angelpunkte: erstens suchte sie jede einzelne der verschiedenen Nationen, die der österreichischen Herrschaft unterworfen waren, durch alle anderen Nationen in Schach zu halten, die sich in der gleichen Lage befanden. Zweitens, und das war stets das Hauptprinzip absoluter Monarchien, stützte sie sich auf zwei Klassen, die feudalen Großgrundbesitzer und die hohe Finanz; und sie versuchte dem Einfluß und der Macht jeder dieser Klassen durch die der anderen die Wage zu halten, so daß die Regierung volle Freiheit des Handelns behielt. Der grundbesitzende Adel, dessen ganzes Einkommen aus feudalen Revenuen aller Arten bestand, mußte eine Regierung unterstützen, die seinen einzigen Schutz gegen jene niedergetretenen Sklaven bildete, von deren Ausbeutung er lebte. Wenn einmal der weniger begüterte Theil dieses Adels sich zu einer Opposition gegen die Regierung aufraffte, wie 1846 in Galizien, ließ Metternich eben diese Sklaven gegen ihn los, die um jeden Preis die Gelegenheit benützten, furchtbare Rache an ihren nächsten Unterdrückern zu nehmen.

Auf der anderen Seite waren die großen Kapitalisten der Börse an die Metternichsche Regierung durch die großen Summen gefesselt, die der Staat von ihnen geborgt. Oesterreich, das 1815 seine volle Macht wiedererlangt hatte, das die absolute Monarchie in Italien seit 1820 wiederhergestellt hatte und aufrechthielt, das durch den Bankerott von 1810 eines Theiles seiner Verpflichtungen entledigt war, hatte nach dem Wiener Frieden seinen Kredit auf den großen europäischen Geldmärkten bald wiedergewonnen, und in dem Maße, als sein Kredit stieg, von ihm Gebrauch gemacht. Daher hatten alle die großen Geldmänner Europas erhebliche Theile ihres Kapitals in den österreichischen Staatspapieren angelegt; sie alle waren an der Erhaltung des Kredits dieses Landes interessirt, und da die Erhaltung des österreichischen Kredits immer wieder neue Anleihen erforderte, waren sie von Zeit zu Zeit gezwungen, neue Kapitalien vorzuschießen, um den Kredit jener Schuldverschreibungen aufrecht zu erhalten, für die sie bereits Geld vorgestreckt hatten. Der lange Friede nach 1815 und die anscheinende Unmöglichkeit, ein tausendjähriges Reich, wie Oesterreich, umzustürzen, vermehrte den Kredit der Metternichschen Regierung in erstaunlichem Maße und machte sie sogar unabhängig von den Wiener Bankiers und Börsenspekulanten; denn so lange Metternich genug Geld in Frankfurt und Amsterdam erhalten konnte, hatte er natürlich die Genugthuung, die österreichischen Kapitalisten zu seinen Füßen zu sehen. Sie waren überdies auch in jeder anderen Beziehung völlig in seiner Gewalt. Die großen Profite, die Bankiers, Spekulanten und Staatslieferanten stets aus einer absoluten Monarchie zu ziehen verstehen, wurden wett gemacht durch die fast unumschränkte Macht, welche die Regierung über ihre Personen und Vermögen besaß; nicht der geringste

Schatten einer Opposition war daher von dieser Seite zu erwarten. Metternich konnte also mit Sicherheit auf die Unterstützung der zwei mächtigsten und einflußreichsten Klassen des Reiches rechnen, und er verfügte außerdem über eine Armee und eine Bureaukratie, die nicht besser für die Zwecke des Absolutismus eingerichtet sein konnten. Die Offiziere und Zivilbeamten im österreichischen Dienst bilden eine besondere Rasse; ihre Väter haben dem Kaiser gedient und ihre Söhne werden desgleichen thun; sie gehören zu keiner der mannigfaltigen Nationen, die unter den Flügeln des Doppelablers vereinigt sind; sie werden, und wurden auch früher stets, von einem Ende des Reiches an das andere versetzt, von Polen nach Italien, von Deutschland nach Transsylvanien; der Ungar, Pole, Deutsche, Rumäne, Italiener, Kroate, jedes Individuum, das nicht den Stempel eines „kaiserlich-königlichen" Amtes trägt, das einen besonderen nationalen Charakter aufweist, wird von ihnen gleichmäßig verachtet; sie haben keine Nationalität oder vielmehr, sie allein bilden die wirkliche österreichische Nation. Es ist klar, welch schmiegsames und gleichzeitig kraftvolles Werkzeug eine derartige zivile und militärische Hierarchie in den Händen eines intelligenten und energischen Staatsleiters abgeben mußte.

Was die anderen Klassen der Bevölkerung anbelangt, so kümmerte sich Metternich, ganz in dem Geiste eines Staatsmanns des ancien régime, wenig um ihre Zustimmung. Ihnen gegenüber kannte er nur eine Politik: ihnen in der Form von Steuern soviel als möglich abzuzapfen und sie gleichzeitig ruhig zu erhalten. Die industrielle und kommerzielle Bourgeoisie entwickelte sich nur langsam in Oesterreich. Der Donauhandel war verhältnißmäßig unbedeutend; das Reich besaß nur einen Seehafen, Triest, und dessen Handel war sehr beschränkt. Die Industriellen erfreuten sich eines ausgiebigen Schutzes, der in den meisten Fällen bis zum völligen Ausschluß jeder auswärtigen Konkurrenz ging;

aber dieser Vortheil war ihnen hauptsächlich mit Rücksicht auf die Vermehrung ihrer Steuerkraft gewährt worden und wurde in hohem Maße wett gemacht durch innere Beschränkungen der Industrie, Privilegien von Zünften und anderen feudalen Korporationen, die ängstlich aufrecht erhalten wurden, so lange sie nicht mit den Zwecken und Absichten der Regierung in Konflikt geriethen. Der Kleingewerbtreibende wurde in die engen Schranken dieser mittelalterlichen Zünfte eingepfercht, die einen ununterbrochenen Krieg der einzelnen Gewerbe untereinander um ihre Privilegien im Gange hielten und zugleich den Mitgliedern dieser Zwangsvereinigungen eine Art erblicher Stabilität verliehen, indem sie die Mitglieder der arbeitenden Klassen so gut wie gänzlich von der Möglichkeit ausschlossen, auf der gesellschaftlichen Stufenleiter emporzusteigen. Der Bauer und der Arbeiter endlich wurden blos als steuerbares Material behandelt und man kümmerte sich um sie nur insoweit, daß man sie so viel als möglich in denselben Lebensbedingungen erhielt, unter denen sie gerade existirten und ihre Väter vor ihnen existirt hatten.

Zu diesem Zwecke wurde jede alte, festgesetzte, angestammte Autorität in derselben Weise wie die des Staates aufrecht erhalten; die Autorität des Gutsherrn über den bäuerlichen Gutsunterthanen, die des Fabrikanten über den Fabrikarbeiter, die des Handwerksmeisters über den Gesellen und Lehrjungen, die des Vaters über den Sohn wurde überall streng von der Regierung gewahrt, und jede Art des Ungehorsams von ihr als eine Uebertretung des Gesetzes mit dem Universalwerkzeug der österreichischen Justiz bestraft — dem Stock.

Um endlich das System dieser Bestrebungen zur Erzeugung einer künstlichen Stabilität zu vervollständigen, wurde die geistige Nahrung, die dem Volke gestattet ward, mit der peinlichsten Sorgfalt ausgewählt und so spärlich als möglich zugetheilt. Die Erziehung lag überall in den Händen der katholischen Geistlichkeit,

deren Häupter ebenso wie die großen feudalen Grundbesitzer an
der Erhaltung des bestehenden Systems aufs Stärkste interessirt
waren. Die Universitäten waren in einer Weise organisirt,
daß sie nur bloße Spezialisten hervorzubringen vermochten, von
denen man im besten Falle in einzelnen besonderen Wissens-
zweigen Fortschritte erwarten durfte; nie aber konnten sie jene
allgemeine freie Bildung verleihen, deren Verbreitung man von
anderen Universitäten erwartet. Es gab absolut keine Zeitungs-
presse, außer in Ungarn, und die ungarischen Blätter waren in
allen anderen Theilen der Monarchie verboten. Das Gebiet der
allgemeinen Literatur hatte sich seit einem Jahrhundert nicht er-
weitert; es war nach dem Tode Josefs II. wieder verengt worden.
Und überall an der Grenze, wo immer die österreichischen Staaten
an ein zivilisirtes Land grenzten, war eine Kette von Zensoren
in Verbindung mit der Kette von Zollbeamten aufgestellt, die es
verhinderten, daß irgend ein Buch oder ein Blatt aus dem Ausland nach Oesterreich kam, ehe sein Inhalt zwei oder dreimal
gründlich durchforscht und völlig frei auch von der leisesten Be-
fleckung durch den bösartigen Geist der Zeit erfunden ward.

Ungefähr dreißig Jahre lang, von 1815 an, wirkte dies
System mit überraschendem Erfolg. Oesterreich blieb für Europa
fast unbekannt, und ebensowenig war Europa in Oesterreich bekannt.
Der gesellschaftliche Zustand jeder Klasse der Bevölkerung und
des Volkes in seiner Gesammtheit schien nicht die mindeste Aenderung erfahren zu haben. Wie viel Feindseligkeit auch zwischen
den einzelnen Klassen vorhanden sein mochte — und das Bestehen dieser Feindseligkeit war für Metternich eine Hauptbedingung
des Regierens, die er sogar förderte, indem er die höheren Klassen
zu den Werkzeugen jeder bedrückenden Forderung der Regierung
machte und sie mit dem Odium derselben belud —, und wie
sehr das Volk die unteren Staatsbeamten hassen mochte, im Allgemeinen gab es nur wenig oder gar keine Unzufriedenheit mit der

Zentralregierung. Der Kaiser wurde angebetet, und die Thatsachen schienen dem alten Franz I. recht zu geben, wenn er behaglich meinte, als ihm Zweifel über die Dauerhaftigkeit dieses Systems aufstiegen: „Immerhin, mich und den Metternich hält's noch aus."

Und doch gab's eine langsame, verborgene Bewegung, die alle Bemühungen Metternichs zunichte machte. Der Reichthum und Einfluß der industriellen und handeltreibenden Bourgeoisie wuchs. Die Einführung des Maschinenwesens und der Dampfkraft in die Industrie wälzte in Oesterreich, wie überall, die alten Verhältnisse und Lebensbedingungen ganzer Klassen der Gesellschaft um; sie verwandelte Hörige in freie Männer, Kleinbauern in Fabrikarbeiter; sie untergrub die alten feudalen Handwerkerkorporationen und raubte vielen derselben die Möglichkeit des Fortbestehens. Die neue kommerzielle und industrielle Bevölkerung kam allenthalben in Kollision mit den feudalen Einrichtungen. Die Bourgeoisie, die durch ihre Geschäfte immer mehr veranlaßt wurde, ins Ausland zu reisen, importirte einige sagenhafte Kenntnisse von den zivilisirten Ländern, die jenseits der kaiserlichen Zollschranken lagen; und schließlich beschleunigte die Einführung der Eisenbahnen sowohl die industrielle wie die geistige Bewegung.

Und dann gab es einen gefährlichen Bestandtheil in dem österreichischen Staatsgefüge, die ungarische feudale Konstitution mit ihren parlamentarischen Verhandlungen und ihren Kämpfen der verarmten und oppositionellen Masse des Adels gegen die Regierung und deren Verbündete, die Magnaten. Preßburg, der Sitz des Reichstags, lag geradezu vor den Thoren Wiens.

Alle diese Elemente trugen dazu bei, unter der Bourgeoisie der Städte einen Geist nicht gerade der Opposition, denn eine Opposition war noch unmöglich, aber der Unzufriedenheit zu erzeugen, einen allgemeinen Wunsch nach Reformen mehr administrativer als konstitutioneller Art. Und ebenso wie in Preußen schloß sich ein Theil der Bureaukratie der Bourgeoisie an. Unter dieser erblichen Beamtenkaste waren die Traditionen Josefs II. nicht vergessen; die höher gebildeten Regierungsbeamten, die sich selbst zuweilen mit erträumten möglichen Reformen befaßten, zogen den fortschrittlichen aufgeklärten Despotismus dieses Kaisers dem „väterlichen" Despotismus Metternichs weit vor. Ein Theil des ärmeren Adels stellte sich ebenfalls auf die Seite der Bourgeoisie, und die unteren Klassen der Bevölkerung, die stets Grund genug zur Unzufriedenheit mit den höheren Klassen, wenn nicht mit der Regierung, hatten, konnten in den meisten Fällen nicht umhin, sich den reformatorischen Wünschen der Bourgeoisie anzuschließen.

Ungefähr um diese Zeit, 1843 oder 1844, wurde in Deutschland ein besonderer Zweig der Literatur begründet, der diesem Wechsel entsprach. Einige österreichische Schriftsteller, Novellisten, Literaturkritiker, schlechte Poeten, sämmtlich von sehr mäßigen Fähigkeiten, aber mit jener besonderen Betriebsamkeit begabt, die der jüdischen Rasse eigen ist, ließen sich in Leipzig und anderen deutschen Städten außerhalb Oesterreichs nieder und veröffentlichten hier, außerhalb des Bereichs Metternichs, eine Anzahl von Büchern und Broschüren über österreichische Angelegenheiten. Sie und ihre Verleger machten ein Heidengeschäft damit. Ganz Deutschland war begierig, in die Geheimnisse der Politik des europäischen China eingeweiht zu werden; und noch neugieriger waren die Oesterreicher selbst, welche diese Publikationen durch den ausgedehnten Schmuggel an der böhmischen Grenze erhielten. Natürlich waren die Geheimnisse, die in diesen Veröffentlichungen verrathen wurden, von keiner besonderen Bedeutung, und die Reformpläne, die ihre wohlwollenden Verfasser aushecten, trugen den Stempel einer Unschuld, die an politische Jungfräulichkeit grenzte. Eine Verfassung und Preßfreiheit galten als unerreichbar für Oesterreich; administrative Reformen, die Ausdehnung der Rechte der Provinziallandtage, Zulassung von Büchern und Zeitungen aus dem Ausland und eine Milderung der Zensur — weiter gingen die loyalen und unterthänigen Wünsche dieser guten Oesterreicher kaum.

Die zunehmende Unmöglichkeit, den literarischen Verkehr Oesterreichs mit dem übrigen Deutschland und durch Deutschland mit der übrigen Welt zu verhindern, trug jedenfalls viel zur Bildung einer regierungsfeindlichen öffentlichen Meinung bei und machte endlich einem Theil der Bevölkerung Oesterreichs etwas politisches Wissen zugänglich. Daher wurde zu Ende des Jahres 1847 auch Oesterreich, allerdings in geringerem Grade, von jener politischen und politisch-religiösen Agitation erfaßt, die damals in ganz Deutschland herrschte; und wenn ihr Fortschreiten in Oesterreich auch geräuschloser vor sich ging, so fand sie doch genug revolutionäre Elemente vor, auf die sie wirken konnte. Da war der Bauer, Höriger oder feudaler Gutsunterthan, in den Staub getreten durch die drückenden Lasten der Grundherrschaft oder der Regierung; dann der Fabrikarbeiter, den der Polizeistock zwang, unter jeder Bedingung zu arbeiten, die dem Fabrikanten beliebte; dann der Handwerksgeselle, dem die Zunftgesetze jede Aussicht versperrten, in seinem Gewerbe einmal selbständig zu werden; der Kaufmann, der bei jedem Schritte in seinem Geschäft über absurde Vorschriften stolperte; der Fabrikant, in stetem Konflikt mit Handwerkerzünften, die eifersüchtig über ihren Privilegien wachten, und mit gierigen und zubringlichen Beamten, die überall ihre Nase hineinsteckten; endlich der Lehrer, der Gelehrte, der höher gebildete Beamte, die vergeblich gegen eine unwissende und anmaßende Geistlichkeit oder einen stupiden und herrischen Vorgesetzten ankämpften. Kurz, es gab keine Klasse, die zufrieden gewesen wäre, denn die kleinen Konzessionen, welche die Regierung hin und wieder gewähren mußte, erfolgten nicht auf ihre eigenen Kosten, da der Staatsschatz das nicht leisten konnte, sondern auf Kosten des hohen Adels und Klerus; und was die großen Bankiers und Staatsgläubiger anbelangt, so waren die jüngsten Ereignisse in Italien, die wachsende Oppo-

fition des ungarischen Reichstags und der ungewohnte Geist der
Unzufriedenheit und des Rufens nach Reformen, der sich im ganzen
Reiche kundgab, nicht dazu angethan, ihr Zutrauen in die Festigkeit
und Zahlungsfähigkeit der österreichischen Monarchie zu verstärken.

So schritt auch Oesterreich langsam aber sicher einer ge=
waltigen Aenderung entgegen, als plötzlich in Frankreich ein Er=
eigniß eintrat, das sofort den drohenden Sturm entfesselte und
die Versicherung des alten Franz Lügen strafte, das Gebäude
werde ihn und Metternich noch aushalten.

(Erschienen in der „Tribune" vom 7. November 1851.)

V.
Die Märzrevolution in Wien.

London, Oktober 1851.

Am 24. Februar 1848 wurde Louis Philipp aus Paris
verjagt und die französische Republik proklamirt. Am 13. März
darauf brachen die Wiener die Macht Metternichs und trieben
ihn zu schmählicher Flucht aus dem Lande. Am 18. März er=
hoben sich die Berliner in Waffen und hatten nach einem hart=
näckigen Kampf von achtzehn Stunden die Genugthuung, daß
der König vor ihnen kapitulirte. Um dieselbe Zeit kam es auch
in den Hauptstädten der kleineren Staaten Deutschlands zu mehr
oder weniger gewaltsamen Ausbrüchen, die alle den gleichen Er=
folg hatten. Hatten die Deutschen ihre erste Revolution auch
nicht vollendet, so waren sie doch wenigstens mitten in die Re=
volution hineingerathen.

Wir können hier in die Details der verschiedenen Erhebungen
nicht eingehen; was wir auseinanderzusetzen haben, ist ihr Cha=
rakter und die Stellung, welche die verschiedenen Klassen der
Bevölkerung ihnen gegenüber einnahmen.

Die Revolution in Wien wurde, man kann sagen, von einer fast völlig einmüthigen Bevölkerung gemacht. Die Bourgeoisie, mit Ausnahme der Bankiers und Börsenspekulanten, das Kleinbürgerthum, die Arbeiterklasse, erhoben sich plötzlich wie ein Mann gegen eine Regierung, die sie alle verabscheuten, eine Regierung, die so allgemein gehaßt wurde, daß die kleine Minorität von Adeligen und Geldmännern, die sie unterstützt hatten, sich schon bei dem ersten Angriff unsichtbar machte. Die Bourgeoisie war von Metternich in einer derartigen politischen Unwissenheit erhalten worden, daß für sie die Nachrichten aus Paris über die Herrschaft der Anarchie, des Sozialismus und des Schreckens und über bevorstehende Kämpfe zwischen der Kapitalistenklasse und der Arbeiterklasse ganz unverständlich blieben. In ihrer politischen Unschuld vermochte sie diesen Nachrichten entweder keine Bedeutung beizumessen, oder sie erschienen ihr als teuflische Erfindungen Metternichs, um sie durch die Angst zum Gehorsam zurückzubringen. Ueberdies hatte sie noch nie gesehen, daß Arbeiter als eine Klasse handelten oder für ihre besonderen Klasseninteressen eintraten. Sie konnte sich nach ihren Erfahrungen nicht die Möglichkeit des Auftauchens von Gegensätzen zwischen den Klassen vorstellen, die eben in so herzlicher Eintracht eine Regierung gestürzt hatten, welche sie alle haßten. Sie sah, wie die Arbeiter mit ihr in allen Punkten übereinstimmten, in Betreff einer Konstitution, der Geschworenengerichte, der Preßfreiheit u. s. w. Sie nahm daher, wenigstens im März 1848, mit voller Seele an der Bewegung Antheil, und andererseits erhob die Bewegung die Bourgeoisie sofort, wenigstens in der Theorie, zur herrschenden Klasse im Staat.

Aber es ist das Schicksal aller Revolutionen, daß jene Vereinigung verschiedener Klassen, die bis zu einem gewissen Grade stets die nothwendige Vorbedingung einer Revolution ist, nicht lange dauern kann. Kaum ist der Sieg gegen den gemeinsamen

Feind errungen, und schon gehen die Sieger in verschiedene Lager auseinander und richten ihre Waffen gegeneinander. Es ist diese rasche und leidenschaftliche Entwicklung des Klassengegensatzes, die in alten und komplizirten gesellschaftlichen Organismen eine Revolution zu einer so mächtigen Triebkraft des gesellschaftlichen und politischen Fortschritts macht; es ist dies stete rasche Aufschießen neuer Parteien, die einander in der Macht ablösen, was eine Nation während dieser heftigen Erschütterungen in fünf Jahren weiter bringt, als sie unter gewöhnlichen Umständen in einem Jahrhundert käme.

Die Revolution in Wien machte die Bourgeoisie theoretisch zur herrschenden Klasse; das heißt, die Konzessionen, die der Regierung abgerungen wurden, hätten, wenn thatsächlich durchgeführt und einige Zeit lang aufrecht erhalten, die Oberherrschaft der Bourgeoisie gesichert. Aber in Wirklichkeit war diese Oberherrschaft weit davon entfernt, fest begründet zu sein. Allerdings erhielt die Bourgeoisie Kraft und Bedeutung durch die Errichtung einer Nationalgarde, wodurch diese Klasse und das Kleinbürgerthum mit Waffen versehen wurden; allerdings gelangte die Bourgeoisie an die Spitze der Macht durch die Einsetzung eines „Sicherheitsausschusses", einer Art revolutionärer unverantwortlicher Regierung, in der sie vorherrschte. Aber gleichzeitig wurden auch die Arbeiter theilweise bewaffnet; sie und die Studenten hatten den Kampf ausgekämpft, wo es zu Zusammenstößen gekommen war; die Studenten, ungefähr 4000 Mann stark, wohl bewaffnet und weit besser diszipliniert als die Nationalgarde, bildeten den Kern, die wirkliche Stärke der revolutionären Streitmacht, und sie waren keineswegs gewillt, als bloßes Werkzeug in den Händen des Sicherheitsausschusses zu dienen. Obwohl sie ihn anerkannten, ja seine begeistertsten Vertheidiger waren, bildeten sie doch ein unabhängiges und ziemlich turbulentes Korps, hielten ihre eigenen Berathungen in der Aula, nahmen eine Mittelstellung

zwischen der Bourgeoisie und den Arbeitern ein, hinderten durch
beständige Unruhe, daß die Verhältnisse wieder in das alte
Alltagsgeleise zurückkehrten, und zwangen oft ihre Beschlüsse dem
Sicherheitsausschusse auf. Die Arbeiter wiederum, die fast sämmtlich
außer Arbeit waren, mußten durch öffentliche Arbeiten auf Staats=
kosten beschäftigt werden, und das nöthige Geld hatten natürlich
die Börsen der Steuerzahler oder die Kassen der Stadt Wien zu
liefern. Alles das mußte den Wiener Geschäftsleuten noth=
wendigerweise sehr unangenehm werden. Die Industrien der
Stadt, die auf den Bedarf der reichen und aristokratischen Hof=
haltungen eines großen Landes berechnet waren, wurden selbst=
verständlich durch die Revolution, durch die Flucht des Adels
und Hofes, vollständig lahmgelegt; das Geschäftsleben stand ganz
still, und die ununterbrochene Unruhe und Erregung, die von den
Studenten ausging, war sicher nicht das beste Mittel, das „Ver=
trauen wiederherzustellen", wie die Redensart lautete. So ent=
stand sehr bald eine gewisse Kühle zwischen der Bourgeoisie auf
der einen Seite und den Studenten und Arbeitern auf der an=
deren; und wenn diese Kühle lange Zeit hindurch nicht zu offener
Feindseligkeit wurde, so kam das daher, daß das Ministerium,
und namentlich der Hof, durch ihre Ungeduld, den alten Stand
der Dinge wiederherzustellen, immer wieder die Befürchtungen
und die unruhevolle Thätigkeit der revolutionären Parteien recht=
fertigten und immer wieder, selbst vor den Augen der Bourgeoisie,
das Gespenst des alten Metternich'schen Despotismus auftauchen
ließen. Daher kam es am 15. Mai und dann wieder am 26.
zu neuen Erhebungen aller Klassen in Wien, weil die Regie=
rung versucht hatte, einige der neuerrungenen Freiheiten zu
beschränken oder zu untergraben, und bei jeder dieser Gelegen=
heiten wurde das Bündniß zwischen der Nationalgarde oder der
Bourgeoisie, den Studenten und den Arbeitern wieder für einige
Zeit befestigt.

Was die anderen Klassen der Bevölkerung anbelangt, so waren die Aristokraten und die großen Geldmänner verschwunden, und die Bauernschaft war allenthalben eifrig beschäftigt, den Feudalismus bis auf seine letzten Spuren auszurotten. Dank dem Kriege in Italien und den Sorgen, die Wien und Ungarn dem Hofe verursachten, ließ man die Bauern ganz frei gewähren, und das Werk der Befreiung gelang ihnen in Oesterreich besser als in irgend einem anderen Theile Deutschlands. Der österreichische Reichstag hatte bald nachher blos die Schritte zu bestätigen, welche die Bauernschaft bereits thatsächlich gethan, und was immer die Regierung des Fürsten Schwarzenberg wieder herstellen mag, sie wird nie die Macht haben, die Feudalknechtschaft der Bauern wieder einzuführen. Und wenn Oesterreich im gegenwärtigen Augenblick wieder verhältnißmäßig ruhig und sogar stark ist, so hauptsächlich deswegen, weil die große Mehrheit des Volkes, die Bauern, einen wirklichen Gewinn aus der Revolution gezogen haben und weil, was immer die wiederhergestellte Regierung auch sonst beseitigt hat, diese handgreiflichen, materiellen Vortheile, welche die Bauernschaft erntete, noch unangetastet sind.

(Erschienen in der „Tribune" vom 12. November 1851.)

VI.

Die Märzrevolution in Berlin.

London, Oktober 1851.

Das zweite Zentrum der revolutionären Bewegung war Berlin. Und nach dem in den früheren Artikeln Auseinandergesetzten wird man nicht überrascht sein, zu sehen, daß dort diese Bewegung bei Weitem nicht jene einmüthige Unterstützung fast aller Klassen fand, von der sie in Wien begleitet war. In Preußen war die Bourgeoisie bereits in wirkliche Kämpfe mit der Regierung verwickelt worden; das Ergebniß des „Vereinigten Landtags" war offene Feindseligkeit gewesen; eine Bourgeoisrevolution nahte drohend, und diese Revolution hätte bei ihrem ersten Ausbruch ebenso einhellig sein können, wie die in Wien, wäre nicht die Pariser Februarrevolution vorher eingetreten.

Dies Ereigniß überstürzte die ganze Entwicklung, und überdies vollzog es sich unter einem Panier, ganz verschieden von dem, unter welchem die preußische Bourgeoisie sich anschickte, ihre Regierung zu bekriegen. Die Februarrevolution stürzte in Frankreich gerade jene Regierungsform, welche die preußische Bourgeoisie in ihrem eigenen Lande aufzurichten beabsichtigte. Die Februarrevolution trat als eine Revolution der Arbeiterklasse gegen die Bourgeoisie auf; sie proklamirte den Sturz des Bourgeoisregimes und die Emanzipation des Arbeiters. Nun hatte die preußische Bourgeoisie in letzter Zeit gerade genug an Arbeiterbewegungen im eigenen Lande gehabt. Allerdings, nachdem der erste Schrecken über die schlesischen Unruhen vorüber war, hatte sie sogar versucht, diese Bewegung zu ihrem eigenen Vortheil auszunutzen; aber ein gesunder Abscheu vor dem revolutionären Sozialismus und Kommunismus war bei ihr zurückgeblieben; und als sie daher in Paris an der Spitze der Regierung Männer sah, die ihr als die gefährlichsten Gegner des Eigenthums, der Ordnung, Religion, Familie und der anderen Penaten des modernen Bourgeois erschienen, empfand sie sofort eine erhebliche Abkühlung ihrer eigenen revolutionären Gluth. Sie mußte, daß der Moment benutzt werden mußte, und daß sie ohne die Hilfe der Arbeitermassen unterliegen würde, aber es mangelte ihr der Muth. Daher unterstützte sie die Regierung bei den ersten partiellen Erhebungen in den Provinzen und bemühte sie sich, die Bevölkerung Berlins in Ruhe zu erhalten, die durch fünf Tage hindurch sich vor dem königlichen Schlosse ansammelte, um die Neuigkeiten zu besprechen und eine Veränderung der Regierung zu verlangen; und als endlich,

nach dem Bekanntwerden des Sturzes Metternichs, der König
einige geringfügige Zugeständnisse machte, hielt die Bourgeoisie
die Revolution für vollendet und beeilte sie sich, Seiner Majestät
für die Erfüllung aller Wünsche des Volkes zu danken. Aber
darauf erfolgte der Angriff des Militärs auf die Menge, die
Barrikaden, der Kampf und die Niederlage des Königthums.
Nun verändert sich alles; gerade die Arbeiter, die die Bourgeoisie
im Hintergrund zu halten wünschte, waren in den Vordergrund
gedrängt worden, hatten gefochten und gesiegt und waren ganz
plötzlich zum Bewußtsein ihrer Kraft gelangt. Beschränkungen
des Wahlrechts, der Preßfreiheit, des Rechts auf der Geschworenen=
bank zu sitzen, des Versammlungsrechts — Beschränkungen, die
der Bourgeoisie sehr angenehm gewesen wären, da sie nur Klassen
betroffen hätten, die unter ihr standen, waren nun nicht mehr
möglich. Die Gefahr einer Wiederholung der Pariser Szenen
der „Anarchie" war zu drohend. Vor dieser Gefahr verschwanden
alle bisherigen Zwistigkeiten. Gegenüber dem siegreichen Arbeiter
vereinigten sich langjährige Freunde und Feinde, obwohl er noch
nicht die geringste besondere Forderung für sich selbst aufgestellt hatte,
und das Bündniß zwischen der Bourgeoisie und den Anhängern
des umgestürzten Systems wurde noch auf den Barrikaden von
Berlin geschlossen. Die nothwendigen Zugeständnisse, aber nicht
mehr als unvermeidlich, sollten gemacht werden; ein Ministerium
sollte aus den Führern der Opposition im Vereinigten Landtag
gebildet werden, und zum Dank dafür, daß es die Krone rettete,
sollte ihm die Unterstützung aller der Stützen der alten Regierung,
des Feudaladels, der Bureaukratie, der Armee, zu Theil werden.
Das waren die Bedingungen, unter denen die Herren Camphausen
und Hansemann die Bildung eines Kabinets unternahmen.

So groß war die Furcht der neuen Minister vor den er=
regten Massen, daß in ihren Augen jedes Mittel gut war, wenn
es nur dahin zielte, die erschütterten Grundlagen der Autorität zu

stärken. Die betrogenen Tröpfe bildeten sich ein, jede Gefahr einer Wiederaufrichtung des alten Systems sei vorbei, und daher benutzten sie die ganze alte Staatsmaschinerie, um die „Ordnung" wieder herzustellen. Kein einziger Bureaukrat oder Offizier der Armee wurde entlassen; nicht die geringste Aenderung wurde im alten bureaukratischen System der Staatsverwaltung vorgenommen. Diese köstlichen verantwortlichen Minister setzten sogar jene Beamten in ihre Stellen wieder ein, die das Volk in der ersten Hitze seines revolutionären Eifers wegen früherer Akte bureaukratischer Anmaßung verjagt hatte. Nichts wurde in Preußen geändert, als die Person der Minister. Selbst das Personal der verschiedenen Ministerien wurde nicht angetastet, und allen den konstitutionellen Amtsjägern, die den Chor der neu erwählten Staatslenker gebildet und auf ihren Antheil an Macht und Aemtern gerechnet hatten, wurde bedeutet, sie sollten warten, bis die Wiederherstellung fester Verhältnisse es ermögliche, im Beamtenpersonal Veränderungen vorzunehmen, die jetzt nicht ohne Gefahr wären.

Der König, der nach der Insurrektion vom 18. März im höchsten Grade muthlos geworden war, merkte bald, daß er für diese „liberalen" Minister ebenso nothwendig war wie sie für ihn. Die Insurrektion hatte den Thron geschont; der Thron war das letzte bestehende Hinderniß der „Anarchie"; die liberale Bourgeoisie und ihre Führer, die jetzt im Ministerium saßen, hatten daher alle Ursache, sich mit der Krone auf den besten Fuß zu stellen. Der König und die reaktionäre Kamarilla, die ihn umgab, mußten das bald herauszufinden und machten es sich zu Nutze, um das Vorgehen des Ministeriums selbst bei jenen unbedeutenden Reformen zu hemmen, die es von Zeit zu Zeit in Angriff nahm.

Die erste Sorge des Ministeriums ging dahin, den jüngsten gewaltsamen Veränderungen eine Art gesetzlichen Anstrichs zu geben. Der Vereinigte Landtag wurde trotz allen Widerspruchs der Bevölkerung einberufen, um als das gesetzliche und konstitutionelle Organ des Volkes eine neues Wahlgesetz für die Erwählung einer Versammlung zu beschließen, die mit der Krone eine neue Verfassung vereinbaren sollte. Die Wahlen sollten indirekte sein, dergestalt, daß die Masse der Wähler einzelne Wahlmänner erwählte, die dann die Abgeordneten wählten. Trotz aller Opposition ging dieses System doppelten Wählens durch. Der Vereinigte Landtag wurde dann noch um die Gewährung einer Anleihe von 40 Millionen Thaler angegangen, die von der Volkspartei bekämpft, vom Landtag aber ebenfalls bewilligt wurde.

Dank diesem Vorgehen des Ministeriums entwickelte sich die Volkspartei, oder wie sie sich nun selbst nannte, die demokratische Partei, äußerst rasch. Diese Partei, an deren Spitze die Klasse der Kleingewerbtreibenden und Kleinhändler stand und die unter ihrer Fahne auch die große Mehrheit der Arbeiterschaft vereinigte, forderte das direkte und allgemeine Wahlrecht, dasselbe, das in Frankreich eingeführt worden, eine einzige gesetzgebende Versammlung, und die völlige und offene Anerkennung der Revolution des 18. März als der Grundlage des neuen Regierungssystems. Ihr gemäßigterer Flügel wollte sich mit einer, in dieser Weise „demokratisirten" Monarchie zufrieden geben; der weiter fortgeschrittene verlangte als letztes Ziel die Errichtung der Republik. Beide Richtungen waren darin einig, daß sie die deutsche Nationalversammlung zu Frankfurt als die oberste Autorität im Lande anerkannten, während die Konstitutionalisten und Reaktionäre einen großen Abscheu vor der Souveränität dieser Körperschaft zur Schau trugen, die ihnen nach ihren Erklärungen als völlig revolutionär erschien.

Die selbständige Bewegung der Arbeiterklasse war durch die Revolution vorübergehend unterbrochen worden. Die unmittelbaren Bedürfnisse und Umstände der Bewegung machten es unmöglich, eine der besonderen Forderungen der proletarischen Partei in den Vordergrund zu stellen. In der That, so lange der Boden für das selbständige Vorgehen der Arbeiter nicht geebnet war, so lange das direkte und allgemeine Stimmrecht nicht bestand, so lange die sechsunddreißig größeren und kleineren Staaten fortfuhren, Deutschland in zahllose Fetzen zu zerreißen, was konnte da die proletarische Partei Anderes thun, als die für sie entscheidende Bewegung in Paris zu verfolgen und in Gemeinschaft mit den Kleinbürgern um jene Rechte zu ringen, die es ihr ermöglichen sollten, dann ihren eigenen Kampf zu kämpfen.

Es gab daher nur drei Punkte, in denen die proletarische Partei sich in ihrer politischen Thätigkeit wesentlich von der Klasse der Kleinbürger oder der eigentlichen sogenannten demokratischen Partei unterschied; erstens in der Beurtheilung der französischen Bewegung, da die Demokraten sich gegen die extreme Partei in Paris erklärten, indeß die proletarischen Revolutionäre sie vertheidigten; zweitens in der Verkündigung der Nothwendigkeit, die eine und untheilbare deutsche Republik zu begründen, während selbst die extremsten Ultras unter den Demokraten nur nach einer Föderativrepublik zu seufzen wagten; und drittens dadurch, daß sie bei jeder Gelegenheit jene revolutionäre Kühnheit und Thatkraft bekundete, die stets einer Partei mangeln wird, welche hauptsächlich aus Kleinbürgern besteht und Kleinbürger an ihrer Spitze hat.

Der proletarischen oder wirklich revolutionären Partei gelang es nur sehr allmälig, die Masse der Arbeiter dem Einfluß der Demokraten zu entziehen, deren Schwanz sie zu Beginn der Revolution gebildet. Aber zur richtigen Zeit that die Unentschlossenheit, Schwäche und Feigheit der demokratischen Führer das Uebrige, und man kann heute sagen, daß eines der Hauptergebnisse der Umwälzungen der letzten Jahre darin besteht, daß die Arbeiterklasse, wo immer man sie in einigermaßen ansehnlichen Massen

konzentrirt findet, vollkommen befreit ist von jenem demokratischen
Einfluß, der sie 1848 und 1849 zu einer unendlichen Reihe
von Fehlern und Unfällen führte. Doch wir wollen nicht vor=
greifen; die Ereignisse dieser zwei Jahre werden uns vollauf
Gelegenheit geben, die demokratischen Herren an der Arbeit
zu sehen.

Die Bauernschaft in Preußen hatte ebenso wie in Oester=
reich, aber mit weniger Energie, da der Feudalismus sie im
Ganzen nicht so hart drückte, die Revolution benützt, sich aller
feudalen Fesseln zu entledigen. Aber aus den oben angeführten
Gründen wendete sich in Preußen die Bourgeoisie sofort gegen
sie, ihren ältesten und unentbehrlichsten Verbündeten. Die Demo=
kraten, die ebenso wie die Bourgeois erschreckt waren durch die
sogenannten Angriffe auf das Privateigenthum, versäumten es
ebenfalls, sie zu unterstützen, und so wurde nach drei Monaten
der Emanzipation in blutigen Kämpfen und militärischen Exe=
kutionen, namentlich in Schlesien, der Feudalismus wieder her=
gestellt, mit Hilfe der gestern noch antifeudalen Bourgeoisie.
Keine Thatsache kann sie schärfer verurtheilen als diese. Nie=
mals hat eine andere Partei in der Geschichte einen derartigen
Verrath an ihren besten Bundesgenossen, an sich selbst, begangen,
und welche Demüthigung und Züchtigung dieser Bourgeois=
partei auch noch bevorstehen mögen, sie hat sie durch diese einzige
That vollauf verdient.

(Erschienen in der „Tribune" vom 28. November 1851.)

VII.
Die Frankfurter Nationalversammlung.

London, Januar 1852.

Der Leser wird sich vielleicht erinnern, daß wir in den sechs vorhergehenden Artikeln die revolutionäre Bewegung in Deutschland bis zu den zwei großen Siegen des Volkes vom 13. März in Wien und 18. März in Berlin verfolgten. Wir sahen, daß sowohl in Oesterreich wie in Preußen eine konstitutionelle Regierung eingesetzt und für jede künftige Politik der Liberalismus oder die Prinzipien der Bourgeoisie als maßgebend erklärt wurden, und daß der einzige merkliche Unterschied zwischen diesen beiden großen Zentren der Bewegung darin bestand, daß in Preußen die liberale Bourgeoisie in den Personen zweier reicher Kaufleute, der Herren Camphausen und Hansemann, direkt die Zügel der Gewalt ergriff, während in Oesterreich, wo die Bourgeoisie politisch weit ungebildeter war, die liberale Bureaukratie ins Amt stieg und erklärte, die Macht für jene auszuüben. Wir haben ferner gesehen, wie die Parteien und Klassen der Gesellschaft, die bis dahin in der Opposition gegen die alte Regierung einig gewesen waren, nach dem Siege oder sogar schon während des Kampfes auseinandergingen; und wie dieselbe liberale Bourgeoisie, die allein Nutzen von dem Siege hatte, sofort sich gegen ihre Verbündeten von gestern wandte, eine feindliche Haltung gegenüber jeder extremeren Klasse oder Partei annahm und mit den besiegten feudalen und bureaukratischen Elementen ein Bündniß schloß. Es war thatsächlich schon im Beginn des revolutionären Dramas klar, daß die liberale Bourgeoisie sich gegen die niedergeworfenen, aber nicht vernichteten feudalen und bureaukratischen Parteien nur behaupten konnte, wenn sie sich auf die extremeren Volksparteien stützte, und daß sie andererseits gegen den Ansturm dieser radikaleren Massen der Hilfe des Feudaladels und der Bureaukratie bedurfte. Es war also klar, daß die Bourgeoisie in Oesterreich und Preußen nicht genügend Kraft besaß, sich in der Macht zu behaupten und die Staatseinrichtungen ganz ihren Bedürfnissen und Ideen anzupassen. Das liberale Bourgeois= ministerium war nur eine Durchgangsstation, von der aus das Land, je nach der Wendung, welche die Dinge nahmen, entweder zu dem vorgeschritteneren Stadium des unitarischen Republikanis= mus fortschreiten oder in das alte klerikal=feudale und bureau= kratische Regime zurücksinken mußte. Auf alle Fälle war die wirkliche, entscheidende Schlacht noch zu schlagen; die März= ereignisse hatten den Kampf nur eingeleitet.

Da Oesterreich und Preußen die zwei führenden Staaten in Deutschland bildeten, wäre jeder entscheidende revolutionäre Sieg in Wien oder Berlin von entscheidender Bedeutung für ganz Deutschland geworden. Und in der That bestimmten die Ereignisse des März 1848 in den beiden Städten in ihrer Weise die Richtung der Bewegung in Deutschland. Es wäre daher überflüssig, auf die Bewegungen in den kleineren Staaten zurück= zukommen, und wir könnten uns ausschließlich auf die Dar= stellung der österreichischen und preußischen Angelegenheiten be= schränken, wenn das Bestehen dieser Kleinstaaten nicht eine Körperschaft ins Leben gerufen hätte, die schon durch ihr Dasein der schlagendste Beweis der abnormen Situation Deutschlands und der Unvollständigkeit der jüngsten Revolution war; eine Körper= schaft, so abnorm, so lächerlich schon durch ihre Stellung, und doch so erfüllt von ihrer eigenen Wichtigkeit, daß die Geschichte wahrscheinlich nie ein Gegenstück zu ihr liefern wird. Diese Körperschaft war die sogenannte deutsche Nationalversammlung in Frankfurt am Main.

Nach den Siegen des Volkes in Wien und Berlin verstand sich die Einberufung einer Repräsentativversammlung für ganz

Deutschland von selbst. Diese Versammlung wurde daher gewählt und trat in Frankfurt zusammen, neben dem alten Bundestag. Das Volk erwartete von der deutschen Nationalversammlung, sie werde jede strittige Angelegenheit ordnen und als die höchste gesetzgebende Gewalt für die Gesammtheit des deutschen Bundes handeln. Der Bundestag aber, der sie einberufen, hatte ihre Befugnisse in keiner Weise festgestellt. Niemand wußte, ob ihre Beschlüsse Gesetzeskraft haben oder ob sie der Sanktion des Bundestags oder der der einzelnen Regierungen unterstehen sollten. Angesichts dieser Verworrenheit mußte die Versammlung, wenn sie nur einen Funken von Energie besaß, ohne Weiteres den Bundestag — die unpopulärste Körperschaft in Deutschland — auflösen, heimschicken und durch eine Bundesregierung ersetzen, die sie aus ihren eigenen Mitgliedern erwählte. Sie mußte sich für den einzigen gesetzlichen Ausdruck des souveränen Willens des deutschen Volkes erklären und dadurch jedem ihrer Beschlüsse Gesetzeskraft verleihen. Sie mußte vor Allem sich in den Besitz einer organisirten bewaffneten Macht im Lande setzen, die genügend war, jeden Widerstand der Regierungen niederzuwerfen. Und alles das war leicht, sehr leicht in jenem Anfangsstadium der Revolution. Aber es war zu viel, so etwas von einer Versammlung zu erwarten, deren Majorität aus liberalen Advokaten und doktrinären Professoren bestand, von einer Versammlung, die zwar Anspruch darauf machte, die Blüthe deutschen Geistes und deutschen Wissens zu verkörpern, die aber in Wirklichkeit nichts war als eine Schaubühne, auf der alte, überlebte politische Charaktere ihre unfreiwillige Lächerlichkeit und ihre Impotenz des Denkens und Handelns vor den Augen von ganz Deutschland zum Besten gaben. Diese Versammlung alter Weiber hatte vom ersten Tage ihres Daseins an mehr Angst vor der geringsten Volksbewegung, als vor allen reaktionären Verschwörungen aller deutschen Regierungen zusammengenommen. Sie berieth unter der Aufsicht des Bundestags, ja, sie bettelte förmlich um die Sanktionirung ihrer Beschlüsse durch den Bundestag, denn ihre ersten Resolutionen mußten durch diese verhaßte Körperschaft verkündigt werden. Statt ihre eigene Souveränetät geltend zu machen, vermied sie absichtlich die Diskutirung einer so gefährlichen Frage. Statt sich mit einer bewaffneten Volksmacht zu umgeben, ging sie über alle gewaltthätigen Uebergriffe der Regierungen zur Tagesordnung über; Mainz wurde dicht unter ihren Augen in Belagerungszustand versetzt, die Bevölkerung dort entwaffnet, und die Nationalversammlung rührte sich nicht. Später erwählte sie den Erzherzog Johann von Oesterreich zum Reichsverweser und erklärte, alle ihre Beschlüsse sollten Gesetzeskraft haben; aber der Erzherzog Johann wurde in seine neue Würde erst eingesetzt, nachdem man die Zustimmung aller Regierungen erlangt, und er wurde nicht von der Versammlung, sondern vom Bundestag eingesetzt. Und was die Gesetzeskraft der Erlasse der Versammlung anbelangt, so wurde sie von den größeren Regierungen nie anerkannt und von der Nationalversammlung nie mit Nachdruck geltend gemacht; diese Frage blieb daher unentschieden.

So zeigt sich uns das Bild einer Versammlung, die den Anspruch erhob, die einzige gesetzliche Vertretung einer großen und souveränen Nation zu sein, und die doch niemals den Willen oder die Macht besaß, ihren Ansprüchen Geltung zu verschaffen. Die Verhandlungen dieser Körperschaft, die ohne jegliches praktische Ergebniß blieben, waren nicht einmal von theoretischem Werth, da sie blos die abgebrauchtesten Gemeinplätze veralteter philosophischer und juristischer Schulen wiederkäuten; jeder Satz, der in dieser Versammlung ausgesprochen oder vielmehr hergestammelt wurde, war längst schon unendlich oft und unendlich besser gedruckt worden.

Unter diesen Umständen ließ die angebliche neue Zentralgewalt Deutschlands alles so, wie sie's gefunden. Weit entfernt, die lang ersehnte Einheit Deutschlands zu verwirklichen, beseitigte sie nicht einmal die allerunbedeutendsten der Fürsten, die es beherrschten; sie zog die Bande nicht enger, die die einzelnen Provinzen Deutschlands zusammenhielten; sie that nicht den geringsten Schritt, die Zollschranken niederzureißen, die Hannover von Preußen und Preußen von Oesterreich trennten; sie machte nicht einmal den leisesten Versuch, die berüchtigten Gebühren abzuschaffen, die überall in Preußen die Flußschiffahrt hemmten. Aber je weniger die Nationalversammlung that, desto lauter bramarbasirte sie. Sie schuf eine deutsche Flotte — auf dem Papier; sie annektirte Polen und Schleswig; sie ließ Deutschösterreich einen Krieg gegen Italien führen, verhinderte aber die Italiener, den Oesterreichern in ihre sichere Zufluchtsstätte auf deutsches Gebiet zu folgen; sie ließ die französische Republik hoch leben und empfing ungarische Gesandtschaften, die sicherlich mit konfuseren Ideen über Deutschland heimkehrten als die, mit denen sie gekommen waren.

Diese Versammlung war zu Beginn der Revolution das Schreckgespenst aller deutschen Regierungen gewesen. Sie hatten ein ganz diktatorisches und revolutionäres Vorgehen von ihr erwartet, gerade in Folge der Unbestimmtheit, in der man ihre Kompetenzen gelassen. Die Regierungen spannen daher ein weitumfassendes Netz von Intriguen, um den Einfluß dieser gefürchteten Körperschaft einzuengen; aber sie hatten mehr Glück als Verstand, denn diese Versammlung besorgte die Geschäfte der Regierungen besser, als sie selbst es hätten thun können. Zu diesen Intriguen gehörte vor Allem die Einberufung lokaler Repräsentativversammlungen, und daher beriefen nicht blos die Kleinstaaten ihre Kammern, sondern auch Preußen und Oesterreich ließen konstituirende Versammlungen zusammentreten. In diesen besaß ebenso wie im Frankfurter Parlament die liberale Bourgeoisie oder ihre Alliirten, liberale Advokaten und Beamte, die Majorität, und die Dinge entwickelten sich hier ungefähr in derselben Weise wie

dort, mit dem einzigen Unterschied, daß die deutsche National=
versammlung das Parlament eines imaginären Landes war, da
sie es abgelehnt hatte, jenes Gebilde zu schaffen, das doch ihre
erste Lebensbedingung war, nämlich ein geeintes Deutschland;
daß sie die imaginären Maßregeln einer von ihr selbst geschaffenen
imaginären Regierung diskutirte, die nie verwirklicht werden
sollten, und imaginäre Beschlüsse faßte, um die sich kein Mensch
kümmerte. In Oesterreich und Preußen dagegen waren die kon=
stituirenden Versammlungen wenigstens wirkliche Parlamente, die
wirkliche Ministerien stürzten und einsetzten und mindestens für
einige Zeit ihre Beschlüsse den Fürsten aufzwangen, gegen die
sie zu kämpfen hatten. Auch sie waren feige genug und er=
mangelten einer höheren Auffassung revolutionären Handelns;
auch sie verriethen das Volk und legten die Macht wieder in die
Hände des feudalen, bureaukratischen und militärischen Despotismus.
Aber sie waren dabei wenigstens gezwungen, praktische Fragen
von unmittelbarem Interesse zu diskutiren und auf der Erde mit
anderen Leuten zu leben, während die Frankfurter Flausenmacher
niemals glücklicher waren, als wenn sie im „Luftreich des Traumes"
herumirrren konnten. Daher bilden die Verhandlungen der Ber=
liner und Wiener konstituirenden Versammlungen einen wichtigen
Theil der Revolutionsgeschichte Deutschlands, während die lang=
athmigen Abhandlungen des Frankfurter Narrenkollegiums blos
den Sammler literarischer und antiquarischer Kuriositäten inter=
essiren.

Das deutsche Volk, das die Nothwendigkeit tief empfand,
der verhaßten territorialen Zerrissenheit ein Ende zu machen,
welche die Gesammtkraft der Nation zersplitterte und zu nichte machte,
erwartete eine Zeit lang von der Frankfurter Nationalversammlung
zum mindesten den Beginn einer neuen Aera. Aber das kindische
Gebahren dieser Gesellschaft von Weisheitskrämern kühlte den
nationalen Enthusiasmus balb ab. Die schmachvollen Vorgänge,

die der Waffenstillstand von Malmö (September 1848) hervorrief, brachten die Entrüstung des Volkes zum Ueberwallen gegen eine Versammlung, von der man erwartet hatte, sie werde der Nation ein freies Feld für ihre Bethätigung schaffen, und die anstatt dessen, getrieben von unerhörter Feigheit, nichts that, als die Grundlagen, auf denen das jetzige kontrerevolutionäre System aufgebaut ist, in ihrer früheren Festigkeit wieder herzustellen.

(Erschienen in der „Tribune" vom 27. Februar 1852.)

VIII.
Polen, Tschechen und Deutsche.

London, Februar 1852.

Die in den vorhergehenden Artikeln ausgeführten Thatsachen zeigten bereits klar, daß, wenn nicht eine neue Revolution der des März 1848 folgte, die Verhältnisse in Deutschland unvermeidlich wieder in den Zustand zurückfallen würden, in denen sie vor diesem Ereigniß gewesen. Aber das Wesen der historischen Erscheinung, auf die wir einiges Licht zu werfen suchen, ist ein so kompliziertes, daß die späteren Ereignisse ohne Berücksichtigung jener Verhältnisse, die man die auswärtigen Beziehungen der deutschen Revolution nennen kann, nicht völlig verstanden werden können. Und diese auswärtigen Beziehungen waren ebenso verwickelter Natur wie die inneren Angelegenheiten.

Die ganze östliche Hälfte Deutschlands bis zur Elbe, Saale und zum Böhmerwald, ist bekanntlich während der letzten tausend Jahre den eingedrungenen slavischen Völkern wieder abgerungen worden. Der größere Theil dieser Landstriche wurde germanisirt, so daß dort die slavische Nationalität und Sprache seit mehreren Jahrhunderten völlig verschwunden ist; und wenn wir absehen von einigen ganz isolirten Resten, die zusammen weniger als hunderttausend Köpfe zählen (Kassuben in Pommern, Wenden oder Sorben in der Lausitz), so sind ihre Bewohner in jeder Beziehung Deutsche. Aber anders liegt die Sache an der ganzen Grenze des ehemaligen Polen und in den Ländern der tschechischen Sprache, in Böhmen und Mähren. Hier sind die beiden Nationalitäten in jedem Bezirk gemischt; die Städte sind in der Regel mehr oder weniger deutsch, indeß das slavische Element in den Dörfern vorherrscht, wo es jedoch ebenfalls allmälig durch den steten Fortschritt des deutschen Einflusses zersetzt und zurückgedrängt wird.

Die Ursache dieses Standes der Dinge liegt in Folgendem: Seit der Zeit Karls des Großen haben die Deutschen ihre beständigsten und beharrlichsten Bemühungen auf die Eroberung, Kolonisirung oder wenigstens Zivilisirung des Ostens von Europa gerichtet. Die Eroberungen des Feudaladels zwischen der Elbe und Oder und die feudalen Kolonien der kriegerischen Ritterorden in Preußen und Livland legten nur die Grundlage für ein viel umfangreicheres und wirksameres System der Germanisirung durch das handeltreibende und industrielle Bürgerthum, das in Deutschland wie im übrigen Westeuropa seit dem fünfzehnten Jahrhundert zu gesellschaftlicher und politischer Bedeutung gelangte. Die Slaven, namentlich die westlichen, die Polen und Tschechen, sind vornehmlich ein Volk von Ackerbauern; Handel und Industrie standen bei ihnen nie in großem Ansehen. Die Folge davon war, daß mit dem Anwachsen der Bevölkerung und dem Erstehen von Städten in jenen Gegenden die Produktion aller Industrieartikel in die Hände deutscher Einwanderer fiel und der Austausch dieser Waaren gegen Ackerbauprodukte das ausschließliche Monopol der Juden wurde, die, wenn sie überhaupt zu einer Nationalität gehören, in diesen Ländern sicher eher Deutsche als Slaven sind. Das ist, wenn auch in geringerem Grade, im ganzen Osten Europas der Fall gewesen. Der Handwerker, der kleine Krämer, der kleine Fabrikant ist bis auf den heutigen Tag ein Deutscher in Petersburg, Pest, Jassy und selbst Konstantinopel; während der Geldverleiher, der Schankwirth, der Hausirer — eine sehr wichtige Persönlichkeit in jenen dünn bevölkerten Gegenden — fast ausnahmslos ein Jude ist, dessen Muttersprache in einem gräßlich verdorbenen Deutsch besteht. Die Bedeutung dieser deutschen Elemente in den slavischen Grenzbezirken, die mit der Zunahme der Städte, des Handels und der Industrie wuchs, nahm noch zu, als sich die Nothwendigkeit herausstellte, fast jedes Element geistiger Kultur aus Deutschland einzuführen; nach dem deutschen Kaufmann und Handwerker ließ sich der deutsche Geistliche, der deutsche Schullehrer, der deutsche Gelehrte auf slavischem Boden nieder. Und der eherne Tritt erobernder Armeen oder der behutsame wohlüberlegte Griff der Diplomatie folgte nicht nur dem langsamen aber sicheren Fortschritt der Entnationalisirung durch die gesellschaftliche Entwicklung, er ging ihm oft voran. So wurden große Theile von Westpreußen und Posen seit der ersten Theilung Polens germanisirt, indem man deutschen Kolonisten Land aus den Staatsdomänen verkaufte oder verlieh, deutsche Kapitalisten bei der Errichtung von Fabriken ꝛc. in jenen Landstrichen unterstützte, und sehr oft auch äußerst despotische Maßregeln gegen die polnischen Bewohner des Landes ergriff.

Auf diese Weise ist in den letzten siebzig Jahren die Grenzlinie zwischen der deutschen und der polnischen Nationalität gänzlich verschoben worden. Da die Revolution von 1848 sofort den Anspruch aller unterdrückten Nationen auf eine selbständige Existenz und auf das Recht, ihre eigenen Angelegenheiten selbst zu regeln, wach rief, war es ganz natürlich, daß die Polen ohne Weiteres die Wiederherstellung ihres Landes innerhalb der Grenzen der alten polnischen Republik vor 1772 forderten. Allerdings war diese Grenze schon zu jener Zeit als Scheidungslinie zwischen der deutschen und polnischen Nationalität nicht mehr richtig ge-

wesen; sie wurde von Jahr zu Jahr immer unrichtiger, seitdem
die Germanisation fortschritt; aber die Deutschen hatten eine
solche Begeisterung für die Wiederherstellung Polens an den Tag
gelegt, daß sie erwarten mußten, man werde als ersten Beweis
der Echtheit ihrer Sympathien den Verzicht auf ihren Antheil
an der Beute von ihnen verlangen. Anderseits mußte man sich
fragen, ob man ganze Landstriche, die hauptsächlich von Deutschen
bewohnt, große Städte, die ganz deutsch waren, an ein Volk
abtreten solle, das bisher noch keine Beweise davon abgelegt hatte,
daß es fähig sei, über einen Zustand des Feudalismus hinaus=
zugehen, der auf der Unfreiheit der Landbevölkerung beruhte.
Die Frage war verwickelt genug. Die einzige mögliche Lösung
bot ein Krieg gegen Rußland. Dadurch war die Frage der Ab=
grenzung der verschiedenen revolutionirten Nationen untereinander
zu einer sekundären geworden gegenüber der Hauptfrage der
Gewinnung einer sicheren Grenze gegen den gemeinsamen Feind.
Die Polen hätten in Bezug auf den Westen eher mit sich ein
vernünftiges Wort reden lassen, wenn sie ausgedehnte Territorien
im Osten erhielten; und Riga und Mitau wären ihnen am Ende
ebenso wichtig erschienen wie Danzig und Elbing. Da die radikale
Partei in Deutschland einen Krieg mit Rußland für nothwendig
erachtete, um die Bewegung auf dem Kontinent aufrecht zu er=
halten, und von der Anschauung ausging, daß die nationale Wieder=
herstellung auch nur eines Theils von Polen unausweichlich zu
einem solchen Kriege führen müsse, unterstützte sie die Polen; die
regierende Bourgeoispartei dagegen sah klar voraus, daß ein
nationaler Krieg gegen Rußland ihren Sturz herbeiführen müsse,
da er thätigere und thatkräftigere Männer ans Ruder rufen würde,
und daher erklärte sie, mit einem erheuchelten Enthusiasmus
für die Ausdehnung der deutschen Nationalität, Preußisch=Polen,
den Hauptsitz der revolutionären polnischen Agitation, für einen
integrirenden Bestandtheil des deutschen Zukunftsreiches. Die Ver=

sprechungen, die den Polen in den ersten Tagen der Aufregung gegeben worden, wurden schmählich gebrochen; polnische Aufgebote, die mit der Zustimmung der Regierung aufgebracht worden, wurden von preußischer Artillerie zerstreut und niedergemacht, und bereits im Monat April 1848, binnen sechs Wochen nach der Berliner Revolution, war die polnische Bewegung erstickt und der alte nationale Gegensatz zwischen Deutschen und Polen wieder erweckt. Dieser ungeheuere und unschätzbare Dienst für den russischen Autokraten wurde von den beiden liberalen Kaufleuten und Ministern Camphausen und Hansemann vollzogen. Man muß noch bemerken, daß diese polnische Kampagne das erste Mittel war, dieselbe preußische Armee wieder zu organisiren und mit Selbstvertrauen zu erfüllen, die dann die liberale Partei von der Macht verjagte und jene Bewegung niederwarf, die zu Stande zu bringen die Herren Camphausen und Hansemann sich so sehr bemüht hatten. „Womit sie gesündigt, damit werden sie gestraft." Das war das Schicksal aller der Emporkömmlinge von 1848 und 1849, von Ledru Rollin zu Changarnier, und von Camphausen herunter zu Haynau.

Die Nationalitätenfrage gab weiter den Anlaß zu einem Kampfe in Böhmen. Dies Land, bewohnt von zwei Millionen Deutschen und drei Millionen Slaven tschechischer Zunge, hatte große historische Erinnerungen, die fast alle mit der früheren Vorherrschaft der Tschechen zusammenhingen. Aber die Kraft dieses Zweiges der slavischen Völkerfamilie war seit den Hussitenkriegen im fünfzehnten Jahrhundert gebrochen; die tschechisch redenden Länder waren zerrissen, ein Theil bildete das Königreich Böhmen, ein anderer das Fürstenthum Mähren, ein dritter, das karpathische Bergland der Slovaken, war ein Theil Ungarns. Die Mähren und Slovaken hatten längst jede Spur nationalen Empfindens und Lebens verloren, obwohl sie zum größten Theil ihre Sprache erhielten. Böhmen war auf drei von vier Seiten von ganz deutschen Ländern umgeben. Das deutsche Element hatte in Böhmen selbst große Fortschritte gemacht; sogar in der Hauptstadt, in Prag, hielten die beiden Nationalitäten einander ziemlich die Wage, und allenthalben befanden sich Kapital, Handel, Industrie und geistige Kultur in den Händen der Deutschen. Der Vorkämpfer der tschechischen Nationalität, Professor Palacky, ist selbst nur ein übergeschnappter Deutscher, der bis jetzt noch die tschechische Sprache nicht korrekt und ohne fremden Accent sprechen kann. Aber, wie das oft der Fall, die dahinsterbende tschechische Nationalität, dahinsterbend nach dem Zeugniß aller bekannten Thatsachen der letzten vier Jahrhunderte, machte 1848 eine letzte Anstrengung, ihre frühere Lebenskraft wieder zu gewinnen, eine Anstrengung, deren Scheitern, von allen revolutionären Erwägungen abgesehen, beweisen sollte, daß Böhmen hinfort nur noch als Bestandtheil Deutschlands bestehen könne, wenn auch ein Theil seiner Bewohner noch für einige Jahrhunderte hinaus fortfahren mag, eine nichtdeutsche Sprache zu sprechen.

(Erschienen in der „Tribune" vom 5. März 1852.)

IX.

Der Panslavismus. Der Krieg in Schleswig-Holstein.

London, Februar 1852.

Böhmen und Kroatien (ein anderes abgerissenes Glied der slavischen Völkerfamilie, auf das die Ungarn in derselben Weise wirken, wie auf Böhmen die Deutschen) waren die Heimath des sogenannten Panslavismus. Weder Böhmen noch Kroatien besaßen die Kraft, als eigene Nationen zu existiren. Ihre Nationalitäten, nach und nach durch historische Ursachen untergraben, die sie in kraftvolleren Rassen aufgehen lassen, konnten nur dann erwarten eine Art Selbständigkeit wiederzugewinnen, wenn sie sich mit anderen slavischen Nationen verbanden. Es gab da 22 Millionen Polen, 45 Millionen Russen, 8 Millionen Serben und Bulgaren; warum nicht eine mächtige Konföderation aus den 80 Millionen Slaven bilden, um den Eindringling auf dem heiligen slavischen Boden zurückzudrängen oder zu vernichten, den Türken, den Ungarn, und vor Allem den verhaßten aber unentbehrlichen „Njemez", den Deutschen?

So wurde in den Studirstuben einiger slavischen Dilettanten in der Geschichtswissenschaft jene lächerliche antihistorische Bewegung geboren, eine Bewegung, die auf nichts Geringeres abzielte, als die Unterjochung des zivilisirten Westens unter den barbarischen Osten, der Stadt unter das Land, des Handels, der Industrie, des Wissens unter die primitive Agrikultur slavischer Leibeigener. Aber hinter der lächerlichen Theorie stand die furchtbare Wirklichkeit des russischen Reiches, jenes Reiches, das durch jede seiner Bewegungen den Anspruch erhebt, ganz Europa als die Domäne der slavischen Rasse zu betrachten, und ganz besonders des einzigen kraftvollen Theiles dieser Rasse, der Russen; jenes Reiches, das mit zwei Hauptstädten wie Petersburg und Moskau noch nicht seinen Schwerpunkt gefunden hat, so lange die Stadt des Zaren (Konstantinopel heißt im Russischen Zarigrad, des Zaren Stadt), die jeder russische Bauer als die wahre Metropole seiner Religion und seiner Nation ansieht, nicht thatsächlich die Residenz seines Kaisers ist; jenes Reiches, das während der letzten 150 Jahre durch jeden Krieg, den es begann, nie Land verloren, sondern stets gewonnen hat. Und in Mitteleuropa sind die Intriguen sehr wohl bekannt, durch die die russische Politik das neu in die Mode gekommene System des Panslavismus gefördert, ein System, das besser als sonst irgend ein denkbares seinen Zwecken entsprach. Die böhmischen und kroatischen Panslavisten arbeiteten also im direkten Interesse Rußlands, einige absichtlich, andere ohne es zu wissen; sie verriethen die Sache der Revolution um des Schattens einer Nationalität willen, die im besten Falle das Schicksal der polnischen Nationalität unter russischer Herrschaft getheilt hätte. Man muß jedoch zur Ehre der Polen bemerken, daß sie sich niemals in nennenswerthem Maße in jenen panslavistischen Fallen verwickelten, und wenn einige ihrer Aristokraten wüthende Panslaviften wurden, so wußten sie, daß sie unter dem russischen Joch weniger zu verlieren hatten als durch eine Empörung ihrer eigenen leibeigenen Bauern.

Die Böhmen und Kroaten beriefen nun einen slavischen Kongreß nach Prag ein, der die allgemeine Verbrüderung der Slaven vorbereiten sollte. Der Kongreß wäre auch ohne das Eingreifen des österreichischen Militärs völlig mißlungen. Die verschiedenen slavischen Sprachen sind eben so verschieden von einander wie das Englische, das Deutsche und das Schwedische, und als man die Verhandlungen eröffnete, fehlte die gemeinsame slavische Sprache, durch welche die Redner sich verständlich machen konnten. Man versuchte es mit dem Französischen, aber die Majorität verstand auch das nicht, und die armen slavischen Enthusiasten, deren einziges gemeinsames Empfinden der gemeinsame Haß gegen die Deutschen war, sahen sich schließlich gezwungen, sich in der verhaßten deutschen Sprache auszudrücken, als der einzigen, die sie Alle verstanden. Gerade um dieselbe Zeit versammelte sich noch ein anderer Slavenkongreß in Prag, in der Gestalt galizischer Ulanen, kroatischer und slovakischer Grenadiere und böhmischer Kanoniere und Kürassiere; und dieser wirkliche, bewaffnete Slavenkongreß unter dem Kommando von Windischgrätz jagte in weniger als vierundzwanzig Stunden die Begründer der eingebildeten slavischen Suprematie aus der Stadt und zerstreute sie in alle Winde.

Die böhmischen, mährischen, dalmatinischen und ein Theil der polnischen Abgeordneten (die Aristokratie) im österreichischen konstituirenden Reichstag bekämpften in dieser Versammlung systematisch das deutsche Element. Die Deutschen und ein Theil der Polen (der verarmte Adel) waren in der Versammlung die Hauptvertreter des revolutionären Fortschritts. Die Masse der slavischen Abgeordneten, die ihnen opponirten, waren nicht zufrieden damit, auf diese Weise deutlich die reaktionären Tendenzen ihrer ganzen Bewegung aufzuzeigen, sondern waren charakterlos genug, mit derselben österreichischen Regierung zu intriguiren und zu konspiriren, die ihre Versammlung in Prag gesprengt hatte. Auch diese infame Handlungsweise fand ihre Belohnung; nachdem sie die Regierung während des Oktoberaufstandes 1848 unterstützt hatten, der ihnen endlich die Majorität im Reichstag sicherte, wurde dieser nun fast ausschließlich slavische Reichstag ebenso wie der Prager Kongreß von österreichischen Soldaten auseinandergetrieben und die Panslavisten mit dem Kerker bedroht, wenn sie sich wieder rühren sollten. Und sie haben nichts erreicht, als daß die slavische Nationalität nun überall durch die österreichische Zentralisation bedroht wird, ein Resultat, daß sie ihrem eigenen Fanatismus und ihrer eigenen Blindheit zu danken haben.

Hätten die Grenzen Ungarns und Deutschlands einen Zweifel gestattet, so wäre es auch da zu einer Entzweiung gekommen. Aber glücklicherweise gab es keinen solchen Vorwand, und da die Interessen beider Nationen innig miteinander verknüpft waren, kämpften sie gegen dieselben Feinde, nämlich die österreichische Regierung und den panslavistischen Fanatismus. Das gute Einvernehmen wurde keinen Augenblick getrübt. Dagegen verwickelte die italienische Revolution wenigstens einen Theil Deutschlands in einen für beide Seiten verderblichen Krieg; und wir müssen als Beweis, wie sehr es dem Metternichschen System gelungen war, die Entwicklung des politischen Verständnisses zu hemmen, die Thatsache feststellen, daß im Laufe der ersten sechs Monate des Jahres 1848 dieselben Männer, die in Wien auf die Barrikaben gestiegen, voll Enthusiasmus zu der Armee eilten, die gegen die italienischen Patrioten focht. Diese bedauerliche Ideenverwirrung dauerte indeß nicht lange.

Endlich gab es noch den Krieg mit Dänemark wegen Schleswig und Holstein. Diese Länder, unzweifelhaft deutsch ihrer Nationalität, Sprache und ihren Neigungen nach, sind für Deutschland auch zu seiner Sicherung und zur Entwicklung seines Seewesens und seines Handels nothwendig. Ihre Bewohner hatten während der letzten drei Jahre einen harten Kampf gegen das Eindringen des dänischen Elements geführt. Ueberdies sprachen die Staatsverträge für sie. Die Märzrevolution brachte sie in offenen Konflikt mit den Dänen, und Deutschland unterstützte sie. Aber während in Polen, in Italien, in Böhmen und später in Ungarn die militärischen Operationen mit größtem Nachdruck betrieben wurden, fing man in diesem, dem einzigen populären, dem einzigen wenigstens theilweise revolutionären Kriege, ein System fruchtloser Märsche und Kontremärsche an, und man gestattete auch die Einmischung der auswärtigen Diplomatie, was nach manchem heldenmüthigen Gefecht zu einem höchst kläglichen Ende führte. Die deutschen Regierungen verriethen während des Krieges die revolutionäre Armee von Schleswig-Holstein bei jeder Gelegenheit und ließen sie absichtlich von den Dänen in die Pfanne hauen, wenn sie zerstreut oder getheilt war. Die deutschen Freiwilligenkorps wurden in derselben Weise behandelt.

Und während in dieser Weise der deutsche Name auf allen Seiten nichts erntete als Haß, rieben sich die deutschen konstitutionellen und liberalen Regierungen die Hände vor Freude. Es war ihnen gelungen, die Bewegungen in Polen und Böhmen niederzuwerfen. Sie hatten überall die alten nationalen Gegensätze wieder erweckt, die bisher das Einvernehmen und gemeinsame Vorgehen des Deutschen mit dem Polen und dem Italiener verhindert hatten. Sie hatten die Bevölkerung an Szenen des

Bürgerkriegs und der gewaltsamen Niederschlagung durch das Militär gewöhnt. Die preußische Armee hatte in Polen, die österreichische Armee in Prag ihr Selbstvertrauen wiedergewonnen; und während man die „patriotische Ueberkraft", wie Heine sich ausgedrückt hat, der revolutionären aber kurzsichtigen Jugend nach Schleswig und der Lombardei dirigirte, wo sie den Kartätschen der Feinde erlag, wurde die reguläre Armee, diese wirksame Waffe sowohl für Oesterreich wie für Preußen, in Stand gesetzt, die Gunst des Publikums durch Siege über das Ausland zu erwerben. Aber wir wiederholen es: kaum hatten diese Armeen, welche von den Liberalen gekräftigt wurden, damit man sie gegen radikalere Parteien gebrauchen könne, ihr Selbstvertrauen und ihre Disziplin einigermaßen wieder gewonnen, als sie sich gegen die Liberalen selbst wendeten und die Männer des alten Systems wieder in die Macht einsetzten. Als Radetzky in seinem Lager hinter der Etsch die ersten Befehle der „verantwortlichen Minister" in Wien erhielt, rief er aus: „Wer sind diese Minister? Sie sind nicht die österreichische Regierung! Oesterreich ist jetzt nur noch in meinem Lager; ich und meine Armee, wir sind Oesterreich; und wenn wir die Italiener geschlagen haben, werden wir die Monarchie wieder für den Kaiser erobern." Und der alte Radetzky hatte recht. Aber die schwachköpfigen „verantwortlichen" Minister in Wien achteten nicht auf ihn.

(Erschienen in der „Tribune" vom 25. März 1852.)

X.
Die Junischlacht und ihre Rückwirkung auf Deutschland. Der Frankfurter Aufstand.

London, Februar 1852.

Schon im April 1848 sah sich der revolutionäre Wildbach auf dem ganzen Kontinent von Europa durch das Bündniß eingedämmt, das jene Klassen der Gesellschaft, die aus den ersten Siegen den Nutzen gezogen, sofort mit den Besiegten geschlossen. In Frankreich hatten sich das Kleinbürgerthum und die republikanische Fraktion der Bourgeoisie mit der monarchistischen Bourgeoisie gegen die Proletarier zusammengethan. In Deutschland und Italien hatte die siegreiche Bourgeoisie sich eifrigst um die Unterstützung des Feudaladels, der staatlichen Bureaukratie und der Armee gegen die Masse des Volkes und der Kleinbürger beworben. Bald kamen die vereinigten konservativen und kontrerevolutionären Parteien wieder empor. In England gestaltete sich eine unzeitige und schlecht vorbereitete Volksdemonstration (10. April) zu einer vollständigen und entscheidenden Niederlage der Volkspartei. In Frankreich mißlangen ebenso zwei ähnliche Unternehmungen (16. April und 15. Mai). In Italien gewann König Bomba seine Macht am 15. Mai mit einem einzigen Schlage wieder. In Deutschland befestigten sich die verschiedenen neuen Bourgeoisregierungen und ihre konstituirenden Versammlungen, und wenn der ereignißreiche 15. Mai in Wien zu einem Siege des Volkes führte, so war das ein Ereigniß von blos sekundärer Bedeutung, das als das letzte Aufflackern der Volksenergie angesehen werden darf. In Ungarn schien die Bewegung in das ruhige Fahrwasser vollkommener Gesetzlichkeit einzulenken, und die polnische Bewegung wurde, wie wir gesehen, durch preußische Bajonette im Keime erstickt. Aber noch war

die Wendung, welche die Dinge schließlich nehmen sollten, in keiner
Weise entschieden, und jeder Zoll Boden, den die revolutionären
Parteien in den verschiedenen Ländern verloren, trieb sie nur an,
sich zur entscheidenden Aktion fester aneinander zu schließen.

Der entscheidende Kampf nahte. Er konnte nur in Frank=
reich ausgefochten werden, denn so lange England an dem revo=
lutionären Ringen nicht theilnahm und Deutschland zersplittert
blieb, war Frankreich dank seiner nationalen Selbständigkeit,
seiner Zivilisation und Zentralisation das einzige Land, das den
umgebenden Ländern den Anstoß einer mächtigen Umwälzung mit=
theilen konnte. Als daher am 23. Juni 1848 die blutige Schlacht
in Paris begann, als jedes weitere Telegramm, jede weitere Post
den Augen Europas immer klarer die Thatsache enthüllte, daß
diese Schlacht zwischen der Masse des arbeitenden Volkes auf der
einen Seite und allen anderen Klassen der Pariser Bevölkerung,
unterstützt durch die Armee, auf der anderen Seite geschlagen
ward; als der Kampf mehrere Tage fortgeführt wurde, mit einer
Erbitterung, die in der Geschichte der modernen Bürgerkriege
unerhört ist, aber ohne auffälligen Vortheil für die eine oder
andere Seite — da wurde es Jedermann klar, daß das die
große Entscheidungsschlacht war, die, wenn die Insurrektion siegte,
den ganzen Kontinent mit erneuten Revolutionen überschwemmen,
oder, wenn diese niedergeworfen wurde, zu der wenigstens vorüber=
gehenden Wiederaufrichtung des kontrerevolutionären Regimes
führen mußte.

Die Proletarier von Paris wurden geschlagen, dezimirt, zer=
schmettert, so sehr, daß sie sich selbst jetzt noch nicht von dem
Schlage erholt haben. Und unmittelbar darauf erhoben in ganz
Europa die neuen und alten Konservativen und Kontrerevolutionäre
das Haupt mit einer Keckheit, die bewies, wie gut sie die Bedeutung des Ereignisses verstanden. Die Presse wurde allent=
halben chikanirt, das Versammlungs= und Vereinsrecht geschmälert,

jedes unbedeutende Ereigniß in jeder kleinen Provinzialstadt benutzt, die Bevölkerung zu entwaffnen, den Belagerungszustand zu verhängen und die Truppen in den neuen Manövern und Kunstgriffen einzuexerziren, die Cavaignac gelehrt. Und zum ersten Mal seit dem Februar war gezeigt worden, daß die Unbesiegbarkeit einer Volkserhebung in einer Großstadt eine Täuschung sei; das Ansehen der Armeen war wieder hergestellt; die Soldaten, die bis dahin in jedem Straßenkampf von Bedeutung besiegt worden, gewannen die Zuversicht, daß sie auch dieser Art des Krieges gewachsen seien.

Von dieser Niederlage der Arbeiter von Paris kann man die ersten positiven Schritte und bestimmten Pläne der alten feudal-bureaukratischen Partei Deutschlands datiren, die dahin gingen, sogar ihren augenblicklichen Verbündeten, die Bourgeoisie, über Bord zu werfen und in Deutschland den Zustand wiederherzustellen, der vor den Ereignissen des März bestanden. Die Armee war wieder die entscheidende Macht im Staate, und die Armee gehörte dieser Partei, nicht der Bourgeoisie. Selbst in Preußen, wo vor 1848 bei einem Theil der Offiziere in den unteren Rangstufen eine starke Hinneigung zu einem konstitutionellen Regiment beobachtet werden konnte, führte die Unordnung, welche die Revolution in die Armee gebracht, diese raisonnirenden jungen Leute bald wieder zum Gehorsam zurück; kaum erlaubten sich die gemeinen Soldaten den Offizieren gegenüber einige Freiheiten, da leuchtete diesen auch sofort die Nothwendigkeit der Disziplin und des stummen Gehorsams vollkommen ein. Die überwundenen Adeligen und Bureaukraten begannen nun zu erkennen, welche Richtung sie einzuschlagen hätten; die Armee, einiger als je, gehoben durch eine Reihe von Siegen über kleinere Insurrektionen und das Ausland, eifersüchtig auf den großen Erfolg, den die französischen Soldaten eben errungen — diese Armee brauchte man nur beständig in kleine Konflikte mit dem Volke zu bringen, und sie konnte, wenn der entscheidende Moment gekommen, mit einem großen Schlage die Revolutionäre zermalmen und die Anmaßungen der Bourgeoisparlamentarier über den Haufen werfen. Und der richtige Moment für einen solchen entscheidenden Schlag kam bald genug.

Wir übergehen die mitunter merkwürdigen, meist aber langweiligen parlamentarischen Verhandlungen und lokalen Kämpfe, die in Deutschland die verschiedenen Parteien während des Sommers beschäftigten. Es genügt zu sagen, daß die Vertreter der Bourgeoisinteressen trotz zahlreicher parlamentarischer Triumphe, von denen keiner zu irgend einem praktischen Ergebniß führte, zum größten Theil fühlten, daß ihre Stellung zwischen den extremen Parteien von Tag zu Tag unhaltbarer ward, und daß sie sich daher gezwungen sahen, heute die Allianz mit den Reaktionären zu suchen und morgen um die Gunst der populäreren Parteien zu werben. Dieses stete Schwanken gab ihrem Ansehen vor der öffentlichen Meinung den Rest, und der allgemeinen Richtung entsprechend, welche die Ereignisse einschlugen, kam die Verachtung, der sie verfielen, für den Augenblick hauptsächlich den Bureaukraten und Feudalen zu Gute.

Zu Beginn des Herbstes war die Stellung der verschiedenen Parteien zu einander eine so gereizte und kritische geworden, daß die Entscheidungsschlacht unvermeidlich wurde. Das erste Gefecht in diesem Kriege zwischen den demokratischen und revolutionären Massen und der Armee fand in Frankfurt statt. Obwohl nur untergeordneter Art, bildete es doch den ersten Vortheil von einiger Bedeutung, den die Truppen über die Insurrektion errangen und hatte eine große moralische Wirkung. Preußen hatte der Scheinregierung, die von der Frankfurter Nationalversammlung eingerichtet worden, aus naheliegenden Gründen erlaubt, einen Waffenstillstand mit Dänemark abzuschließen, der nicht nur die Deutschen Schleswigs der dänischen Rache preisgab, sondern auch die mehr oder weniger revolutionären Prinzipien gänzlich verleugnete, um die es sich nach der allgemeinen Ansicht im dänischen Kriege handelte. Der Waffenstillstand wurde mit einer Mehrheit von zwei oder drei Stimmen von der Frankfurter Versammlung abgelehnt. Dieser Abstimmung folgte eine Scheinkrise im Ministerium, aber drei Tage später zog die Versammlung ihren Beschluß nochmals in Erwägung, und sie wurde thatsächlich dazu gebracht, ihn umzustoßen und den Waffenstillstand anzuerkennen. Dieses schmachvolle Vorgehen erregte die Erbitterung des Volkes. Barrikaden wurden gebaut, aber man hatte schon genügend Truppen nach Frankfurt dirigirt, und nach einem Gefechte von sechs Stunden wurde die Erhebung unterdrückt. Aehnliche, aber weniger bedeutende Bewegungen fanden im Zusammenhang mit diesem Ereigniß in anderen Theilen Deutschlands statt (Baden, Köln), wurden aber ebenfalls niedergeschlagen.

Dieses einleitende Gefecht gab der kontrerevolutionären Partei den einen großen Vortheil, daß nun die einzige Regierung, die — wenigstens dem Anscheine nach — ganz aus Volkswahlen hervorgegangen war, die Reichsregierung zu Frankfurt, ebenso wie die Nationalversammlung in den Augen des Volkes gerichtet war. Diese Regierung und diese Versammlung hatten sich genöthigt gesehen, gegenüber der Kundgebung des Volkswillens an die Bajonette der Truppen zu appelliren. Sie waren kompromittirt, und wie wenig Anspruch auf Ansehen sie auch bis dahin erworben haben mochten, diese Verleugnung ihres Ursprungs, ihre Abhängigkeit von den volksfeindlichen Regierungen und deren Streitkräften, machte fortan den Reichsverweser, seine Minister und Abgeordneten zu völligen Nullen. Wir werden bald sehen, wie zuerst Oesterreich, dann Preußen und schließlich auch die kleineren Staaten jede Anordnung, jedes Ansuchen, jede Deputation, die von dieser Versammlung impotenter Träumer an sie kamen, mit Verachtung behandelten.

Wir kommen nun zu dem großen Gegenstück der französischen Junischlacht in Deutschland, jenem Ereigniß, das für Deutschland ebenso entscheidend wurde, wie das proletarische Ringen in Paris für Frankreich gewesen; wir meinen die Erhebung und darauffolgende Erstürmung Wiens im Oktober 1848. Aber die Bedeutung dieses Kampfes ist eine so große, und die Erklärung der verschiedenen Umstände, die in erster Linie zu seinem Ausgang beitrugen, wird so viel Raum der „Tribune" beanspruchen, daß wir ihm einen besonderen Brief widmen müssen.

(Erschienen in der „Tribune" vom 18. März 1852.)

XI.
Die Wiener Oktoberrevolution.

London, März 1852.

Wir sind nun bei jenem entscheidenden Ereignisse angelangt, das in Deutschland das revolutionäre Gegenstück zur Pariser Juni-Insurrektion bildete und mit einem Schlage die Wagschale auf die Seite der kontrerevolutionären Partei neigte — zum Wiener Aufstand vom Oktober 1848.

Wir haben gesehen, welche Stellung die verschiedenen Klassen in Wien nach dem Siege vom 13. März einnahmen. Wir haben auch gesehen, wie die Bewegung Deutschösterreichs sich mit den Vorgängen in den nichtdeutschen Provinzen Oesterreichs verwickelte und durch sie gehindert wurde. Wir haben also nur noch kurz die Ursachen zu überblicken, die zu dieser letzten und furchtbarsten Erhebung in Deutschösterreich führten.

Der hohe Adel und die Börse, welche die bedeutendsten nichtoffiziellen Stützen des Metternich'schen Regimes gebildet hatten, waren auch nach den Märzereignissen im Stande, einen maßgebenden Einfluß auf die Regierung zu üben, Dank nicht nur

dem Hofe, der Armee und der Bureaukratie, sondern mehr noch
Dank dem Grauen vor der „Anarchie", das sich rasch in der Bour=
geoisie verbreitete. Sehr bald wagten diese Kreise einige Fühler
auszustrecken in der Form eines Preßgesetzes, einer ungeheuer=
lichen aristokratischen Verfassung und eines Wahlgesetzes, das
auf der alten Eintheilung in „Stände" beruhte. Das sogenannte
konstitutionelle Ministerium, das aus furchtsamen, unfähigen, halb=
liberalen Bureaukraten bestand, wagte am 14. Mai sogar einen
direkten Angriff auf die revolutionären Organisationen der Massen,
indem es das Zentralkomite der Delegirten der Nationalgarde
und der akademischen Legion auflöste, eine Körperschaft, die eigens
zu dem Zwecke gebildet worden war, die Regierung zu über=
wachen und im Nothfall die Volkskräfte gegen sie aufzurufen.
Aber diese That provozirte blos die Insurrektion vom 15. Mai,
welche die Regierung zwang, das Komite anzuerkennen, die Ver=
fassung und das Wahlgesetz aufzuheben und einem auf Grund
des allgemeinen Wahlrechts gewählten konstituirenden Reichstag
die Gewalt zur Festsetzung eines neuen Staatsgrundgesetzes zu
übertragen. Alles das wurde am nächsten Tage durch eine kaiser=
liche Proklamation bestätigt. Aber der reaktionären Partei, die
ebenfalls ihre Vertreter im Ministerium hatte, gelang es bald, ihre
„liberalen" Kollegen zu einem neuen Angriff auf die Errungen=
schaften des Volkes zu veranlassen. Die akademische Legion, die
Hochburg der Bewegungspartei, das Zentrum ununterbrochener
Agitation, war gerade als solches den gemäßigteren Wiener Bürgern
unangenehm geworden; am 26. Mai wurde sie durch einen
Ministerialerlaß aufgelöst. Vielleicht wäre der Streich gelungen,
wenn man die Ausführung nur einem Theil der Nationalgarde
überlassen hätte; aber die Regierung, welche dieser auch nicht
traute, ließ das Militär einschreiten, und sofort richtete sich die
Nationalgarde gegen die Regierung, vereinigte sich mit der aka=
demischen Legion und vereitelte so den ministeriellen Plan.

Inzwischen hatte jedoch der Kaiser am 16. Mai mit seinem Hof Wien verlassen und war nach Innsbruck geflohen. Hier, umgeben von den bigotten Tirolern, deren Loyalität Angesichts der Gefahr einer Invasion ihres Landes durch die Sardo=Lombar= dische Armee wieder erweckt ward; unterstützt durch die Nähe der Truppen Radetzkys, in deren Schußbereich Innsbruck lag, fand die kontrerevolutionäre Partei ein Asyl, von wo aus sie, unbewacht, unbeobachtet und sicher ihre zerstreuten Kräfte sammeln und das Netzwerk ihrer Intriguen wieder herstellen und über das ganze Land ausbreiten konnte. Man setzte sich in Verbindung mit Radetzky, mit Jellachich und mit Windischgrätz, sowie mit den verläßlichen Leuten in der administrativen Hierarchie der ver= schiedenen Provinzen; man spann Intriguen mit den Führern der Slaven, und so wurde eine wirkliche Macht gebildet, die der kontrerevolutionären Kamarilla zur Verfügung stand, während die unfähigen Minister in Wien ihre junge und schwache Popu= larität in beständigen Zwistigkeiten mit den revolutionären Massen und in den Debatten des alsbald zusammentretenden konstituirenden Reichstags abnutzten. Daher die Politik, die Bewegung in der Hauptstadt für eine Zeitlang sich selbst zu überlassen. Eine Politik, die in einem zentralisirten und homogenen Lande wie Frankreich zu der Allmacht der Bewegungspartei hätte führen müssen, war hier in Oesterreich, in einem heterogenen politischen Konglomerat, eines der sichersten Mittel, die Kraft der Reaktionäre zu re= organisiren.

Die Wiener Bourgeoisie, die da meinte, daß nach drei aufein= ander folgenden Niederlagen und Angesichts einer konstituirenden Versammlung, die auf dem allgemeinen Stimmrecht beruhte, der Hof als Gegner nicht länger zu fürchten sei, verfiel mehr und mehr jener Müdigkeit und Gleichgiltigkeit und jenem steten Drängen nach Ruhe und Ordnung, die sich überall dieser Klasse nach hef= tigen Erschütterungen und damit verbundenen Störungen der Ge=

schäftsthätigkeit bemächtigen. Die Industrie der österreichischen
Hauptstadt ist fast ausschließlich auf Luxusartikel beschränkt, nach
denen seit der Revolution und der Flucht des Hofes nothwendiger=
weise nur geringe Nachfrage herrschte. Der Ruf nach der Rück=
kehr zu einem geordneten Regierungssystem und nach der Rück=
kehr des Hofes — beides Dinge, von denen man eine Wieder=
belebung der Geschäfte erwartete — dieser Ruf wurde nun
allgemein unter der Bourgeoisie. Der Zusammentritt der kon=
stituirenden Versammlung im Juli wurde mit Jubel als das
Ende der revolutionären Aera begrüßt. Ebenso die Rückkehr des
Hofes, der nach den Siegen Radetzkys in Italien und nach der
Einsetzung des reaktionären Ministeriums Doblhoff sich für stark
genug hielt, dem Andrang des Volkes zu trotzen, und der außer=
dem in Wien nothwendig war, um die Intriguen mit der slavischen
Mehrheit des Reichstags zum Abschluß zu bringen. Während
der konstituirende Reichstag die Gesetze über die Befreiung der
Bauernschaft von der feudalen Unterthänigkeit und der Zwangs=
arbeit für den Adel berieth, gelang dem Hof ein Meisterstreich.
Man bewog den Kaiser, am 19. August eine Revue über die
Nationalgarde abzuhalten; die kaiserliche Familie, die Höflinge,
die Generäle überboten sich dabei in Schmeicheleien gegenüber den
bewaffneten Bürgern, die schon von Stolz berauscht waren, sich
derart öffentlich als eine der maßgebenden Mächte im Staate an=
erkannt zu sehen; und unmittelbar danach erschien ein Erlaß, gegen=
gezeichnet von Herrn Schwarzer, dem einzigen populären Minister
im Kabinet, der den Arbeitslosen die Staatsunterstützung entzog,
die ihnen bis dahin gewährt worden. Der Kniff gelang. Die Arbeiter
machten eine Demonstration; die Bourgeois in der Nationalgarde
erklärten sich für den Erlaß ihres Ministers; sie wurden auf die
„Anarchisten" losgelassen, fielen am 23. August wie Tiger über
die unbewaffneten Arbeiter her, die gar keinen Widerstand leisteten,
und metzelten eine große Zahl derselben nieder. So wurde die

Einheit und Kraft der revolutionären Kriegsmacht gebrochen; der Klassenkampf zwischen dem Bourgeois und dem Proletarier war auch in Wien blutig zum Ausbruch gekommen, und die kontrerevolutionäre Kamarilla sah den Tag kommen, an dem sie im Stande war, den großen Schlag zu führen.

Die ungarischen Angelegenheiten gaben bald Gelegenheit, offen die Prinzipien darzulegen, nach denen man zu handeln dachte. Am 5. Oktober erklärte ein kaiserlicher Erlaß in der „Wiener Zeitung" — ein Erlaß ohne die Gegenzeichnung irgend eines der verantwortlichen Minister für Ungarn — den ungarischen Reichstag für aufgelöst, und ernannte den Banus Jellachich von Kroatien zum Statthalter des Kaisers und Oberkommandanten der kaiserlichen Truppen in jenem Lande — Jellachich, den Führer der südslavischen Reaktion, einen Mann, der thatsächlich im Kriege gegen die gesetzlichen Gewalten Ungarns stand. Gleichzeitig erhielten die Truppen in Wien den Befehl, abzuziehen und zu der Armee zu stoßen, die Jellachichs Anerkennung erzwingen sollte. Das hieß jedoch den Pferdefuß zu offen sehen lassen; Jedermann in Wien fühlte, daß der Krieg gegen Ungarn Krieg gegen das Prinzip der konstitutionellen Regierung bedeutete, welches Prinzip in dem Erlaß selbst mit Füßen getreten worden, indem der Kaiser versuchte, Verordnungen mit Gesetzeskraft ohne die Gegenzeichnung eines verantwortlichen Ministers zu erlassen. Das Volk, die akademische Legion, die Nationalgarde von Wien erhoben sich am 6. Oktober in Masse und widersetzten sich dem Abmarsch der Truppen. Einige Grenadiere gingen zum Volk über; ein kurzer Kampf entspann sich zwischen den Streitkräften des Volkes und den Soldaten; der Kriegsminister Latour wurde vom Volk umgebracht, und am Abend blieb letzterem der Sieg. Inzwischen hatte der Banus Jellachich, bei Stuhlweißenburg von Perczel geschlagen, sich in die Nähe von Wien, auf deutschösterreichisches Gebiet geflüchtet. Die Wiener Garnison, die zu seiner Unterstützung hätte ausziehen sollen, nahm nun eine anscheinend feindliche und defensive Haltung ihm gegenüber an, und der Kaiser und der Hof waren abermals geflohen, nach Olmütz, auf halbslavischen Boden.

Aber in Olmütz befand sich der Hof unter ganz anderen Verhältnissen, als wie in Innsbruck. Er war nun in der Lage, unmittelbar den Feldzug gegen die Revolution zu eröffnen. Er war umgeben von den slavischen Abgeordneten der Konstituante, die in Masse nach Olmütz strömten, und von slavischen Enthusiasten aus allen Theilen der Monarchie. Die Kampagne sollte in ihren Augen ein Krieg werden zur Wiederaufrichtung des Slaventhums und ein Vernichtungskrieg gegen die zwei Eindringlinge auf dem Boden, den sie als slavischen ansahen, gegen die Deutschen und die Magyaren. Windischgrätz, der Ueberwinder von Prag, jetzt Kommandant der Armee, die um Wien sich zusammenzog, wurde mit einem Male der Held der slavischen Nationalität. Und seine Armee verstärkte sich rasch von allen Seiten. Aus Böhmen, Mähren, der Steiermark, Oberösterreich und Italien marschirte Regiment auf Regiment in der Richtung auf Wien, um sich mit Jellachichs Truppen und der früheren Besatzung Wiens zu vereinigen. Ueber 60 000 Mann waren in dieser Weise zu Ende Oktober vereinigt, und bald begannen sie die Kaiserstadt von allen Seiten einzuschließen, bis sie am 30. Oktober so weit waren, den entscheidenden Angriff wagen zu können.

In Wien herrschte inzwischen Verwirrung und Rathlosigkeit. Die Bourgeoisie wurde, sobald der Sieg errungen, wieder von ihrem alten Mißtrauen gegen die „anarchischen" Arbeiter ergriffen. Die Arbeiter, der Behandlung, die sie sechs Wochen vorher von den bewaffneten Geschäftsleuten erfahren, und der unstäten, schwankenden Politik des Bürgerthums im Allgemeinen eingedenk, wollten diesem nicht die Vertheidigung der Stadt anvertrauen und verlangten Waffen und militärische Organisation für sich. Die akademische Legion glühte vor Eifer, gegen den kaiserlichen Despotismus zu kämpfen, war aber völlig unfähig, das Wesen der Entfremdung der beiden Klassen zu verstehen oder sonst zu begreifen, was die Situation erforderte. Verwirrung herrschte in den Köpfen des Volkes, Verwirrung in den leitenden Kreisen. Der Rest der deutschen Abgeordneten des Reichstags mit ein paar Slaven, die, von einigen revolutionären polnischen Deputirten abgesehen, für ihre Freunde in Olmütz Spionendienste verrichteten, tagten in Permanenz. Aber statt energisch mitzuthun, verloren sie ihre ganze Zeit in müßigen Debatten über die Möglichkeit, der kaiserlichen Armee zu widerstehen, ohne die Grenzen konstitutioneller Formen zu verletzen. Der Sicherheitsausschuß, aus Abgeordneten fast aller populären Organisationen Wiens zusammengesetzt, war zwar zum Widerstand entschlossen, ward aber beherrscht von einer Majorität ansäßiger Bürger und kleiner Geschäftsleute, die ihn nie zu entschiedenem energischen Handeln kommen ließen. Der Ausschuß der akademischen Legion faßte heroische Resolutionen, war aber in keiner Weise im Stande, die Führung zu übernehmen. Die Arbeiter, mit Mißtrauen angesehen, waffenlos, unorganisirt, kaum aus dem Sumpf der geistigen Knechtschaft des ancien régime auftauchend und kaum erwachend — nicht zur Erkenntniß, sondern zu einem bloßen instinktiven Empfinden ihrer gesellschaftlichen Stellung und der ihnen entsprechendsten Politik, konnten sich nur durch laute Demonstrationen bemerkbar machen; man durfte von ihnen nicht erwarten, daß sie den Schwierigkeiten des Moments gewachsen seien. Aber sie waren — wie überall in Deutschland während der Revolution — bereit bis zum Aeußersten zu kämpfen, sobald sie nur Waffen in die Hände bekamen.

So standen die Dinge in Wien. Außerhalb die reorganisirte österreichische Armee, berauscht von den Siegen Radetzkys in Italien; sechzig- bis siebzigtausend Mann, gut bewaffnet und gut organisirt, und wenn nicht gut geführt, so doch wenigstens mit Führern versehen. Innerhalb Verwirrung, Klassengegensätze, Auflösung; eine Nationalgarde, von der ein Theil entschlossen war, überhaupt nicht zu fechten; ein anderer Theil unentschlossen, und nur der kleinste Theil bereit zu handeln. Eine proletarische Masse, mächtig an Zahl, aber ohne Führer, ohne jede politische Bildung, ebenso leicht geneigt in panische Schrecken wie fast ohne allen Grund in Wuthausbrüche zu verfallen, die Beute eines jeden falschen Gerüchts, das verbreitet wurde, durchaus bereit, zu kämpfen, aber unbewaffnet, wenigstens zu Anfang, und nur unvollständig bewaffnet und kaum organisirt, als man sie schließlich in die Schlacht führte; ein hilfloser Reichstag, der noch theoretische Haarspaltereien diskutirte, als schon das Dach über seinem Haupte in Flammen aufzugehen drohte; endlich ein leitender Ausschuß ohne Feuer und Thatkraft. Alles hatte sich geändert seit den Tagen des März und Mai, wo im Lager der Kontrerevolution völlige Verwirrung herrschte und die einzige organisirte Macht, welche bestand, die von der Revolution geschaffene war. Man konnte kaum noch zweifeln, wie der Kampf ausgehen werde, und jeder Zweifel, der etwa noch bestehen mochte, wurde behoben durch die Ereignisse vom 30. und 31. Oktober und vom 1. November.

(Erschienen in der „Tribune" vom 19. März 1852.)

XII.

Der Fall Wiens.

London, März 1852.

Als endlich die konzentrirte Armee Windischgrätz' den Angriff auf Wien begann, waren die Kräfte, welche die Vertheidigung aufzubringen vermochte, gänzlich ungenügend. Von der Nationalgarde konnte nur ein Theil auf die Verschanzungen gebracht werden. Allerdings hatte man auch in aller Eile eine proletarische Garde gebildet, aber da man zu spät mit dem Versuch begonnen hatte, auf diese Weise die zahlreichste, kühnste und thatkräftigste Bevölkerungsklasse verwendbar zu machen, war sie zu wenig mit dem Gebrauch der Waffen und den ersten Anfängen der Disziplin vertraut, um erfolgreich Widerstand leisten zu können. So war die akademische Legion, drei- bis viertausend Mann stark, bis zu einem gewissen Grade gut einexerzirt und disziplinirt, tapfer und enthusiastisch, vom militärischen Standpunkt aus die einzige Truppe, die im Stande war, erfolgreich zu wirken. Aber was bedeutete sie, zusammen mit den paar verläßlichen Nationalgarden und der wirren Masse der bewaffneten Proletarier, gegenüber den weit zahlreicheren regulären Soldaten Windischgrätz', ganz abgesehen von den räuberischen Horden Jellachichs, Horden, die schon durch ihre Lebensgewohnheiten für einem Kampf von Haus zu Haus, von Gasse zu Gasse äußerst verwendbar waren! Und die Insurgenten hatten der zahlreichen und gut ausgerüsteten Artillerie, die Windischgrätz so skrupellos verwendete, nichts als einige alte, abgenützte, schlecht bespannte und schlecht bediente Kanonen entgegenzusetzen.

Je näher die Gefahr heranzog, desto größer wurde die Verwirrung in Wien. Der Reichstag konnte sich bis zum letzten Moment nicht dazu aufraffen, die ungarische Armee Perczels zu Hilfe zu rufen, die wenige Meilen unterhalb der Hauptstadt lagerte. Der Sicherheitsausschuß faßte einander widersprechende Beschlüsse, da seine Energie ebenso wie die der Massen der Volkswehr mit der wechselnden Fluth und Ebbe von Gerüchten und Gegengerüchten stieg und fiel. Nur in einem Punkte waren sie alle einig: in der Respektirung des Eigenthums; und das geschah in einem, unter solchen Umständen fast lächerlichen Maße. Zur endgiltigen Feststellung eines Vertheidigungsplans geschah sehr wenig. Bem, der einzige Mann am Orte, der Wien hätte retten können, wenn es damals überhaupt Jemand retten konnte, ein fast unbekannter Ausländer, ein Slave von Geburt, trat von dieser Aufgabe zurück, erdrückt von allgemeinem Mißtrauen. Hätte er daran festgehalten, so würde man ihn vielleicht als Verräther gelyncht haben. Messenhauser, der Kommandant der revolutionären Streitkräfte, mehr ein Romandichter als auch nur ein Subalternoffizier, war seiner Aufgabe nicht im Geringsten gewachsen; und doch hatte die Volkspartei nach acht Monaten revolutionärer Kämpfe keinen fähigeren Militär hervorgebracht oder an sich gezogen.

Unter diesen Umständen begann der Kampf. Im Verhältniß zu ihren ganz ungenügenden Vertheidigungsmitteln und zu dem völligen Mangel an militärischer Uebung und Organisation in ihren Reihen, war die Vertheidigung der Wiener eine höchst heldenmüthige. Auf vielen Punkten wurde der Befehl buchstäblich ausgeführt, den Bem noch als Kommandant ertheilt hatte, „den Posten bis zum letzten Mann zu vertheidigen". Aber die Uebermacht war zu groß. Eine Barrikade nach der anderen wurde von der kaiserlichen Artillerie in den langen und breiten Straßen, welche die Hauptverkehrsadern der Vorstädte bilden, hinweggefegt; und am Abend des zweiten Tags der Kämpfe waren die Kroaten im Besitz der Häuserreihe am Glacis der Altstadt. Ein schwacher und ungeordneter Angriff der ungarischen Armee war völlig

mißglückt; und inmitten eines Waffenstillstands, während einige
Parteien in der inneren Stadt kapitulirten, andere zauderten und
Verwirrung verbreiteten, während die Reste der akademischen Legion
sich an neue Verschanzungen machten, drangen die Kaiserlichen in
die Altstadt ein, und inmitten eines allgemeinen Durcheinanders
ward diese genommen.

Die nächsten Folgen dieses Sieges, die Brutalitäten und
Hinrichtungen des Standrechts, die unerhörten Grausamkeiten und
Infamien, welche die auf Wien gehetzten slavischen Horden begingen, sind zu bekannt, als daß sie hier näher geschildert werden
müßten. Die weiteren Folgen, die völlig neue Wendung, welche
die deutschen Angelegenheiten durch die Niederlage der Wiener
Revolution erfuhren, sind später zu beleuchten. Hier haben wir
nur noch zwei Punkte zu betrachten, die mit der Erstürmung
Wiens zusammenhängen. Die Bevölkerung dieser Hauptstadt
hatte zwei Bundesgenossen — das ungarische und das deutsche
Volk. Wo blieben sie in dieser Stunde der Prüfung?

Wir haben gesehen, daß die Wiener mit der ganzen Hoch-
herzigkeit eines eben befreiten Volkes sich für eine Sache erhoben
hatten, die zwar in letzter Linie auch die ihrige, zunächst aber und
vor Allem die der Ungarn war. Ehe sie duldeten, daß die österreichischen Truppen gegen Ungarn marschirten, lenkten sie lieber
deren ersten und fürchterlichsten Anprall gegen sich selbst. Und
während sie in so edelmüthiger Weise sich beeiferten, ihre Bundesgenossen zu unterstützen, trieben die Ungarn Jellachich, gegen den
sie erfolgreich gefochten, gegen Wien, und verstärkten also durch
ihren Sieg die Macht, welche diese Stadt anzugreifen vorhatte.
Unter diesen Umständen war es die offenbare Pflicht Ungarns,
ohne Zögern und mit allen verfügbaren Kräften — nicht dem Wiener
Reichstag, nicht dem Sicherheitsausschuß oder sonst einer leitenden
Körperschaft in Wien, sondern der Wiener Revolution Sukkurs
zu leisten. Und selbst wenn Ungarn vergessen konnte, daß Wien

die erste Schlacht Ungarns geschlagen, durfte es seiner eigenen
Sicherheit wegen nicht vergessen, daß Wien der einzige Vorposten
der ungarischen Unabhängigkeit war, und daß nach dem Falle
Wiens nichts mehr den Vormarsch der kaiserlichen Truppen gegen
Ungarn selbst hindern konnte. Nun sind uns alle die Momente sehr
wohl bekannt, die die Ungarn zur Vertheidigung ihrer Unthätig=
keit während der Einschließung und Erstürmung Wiens vorbringen
konnten und vorgebracht haben: der ungenügende Zustand ihrer
eigenen Streitkräfte, die Weigerung des Reichstags und jeder
anderen offiziellen Körperschaft Wiens, sie herbeizurufen, die Noth=
wendigkeit, auf dem Boden der Verfassung zu bleiben und Kom=
plikationen mit der deutschen Zentralgewalt zu vermeiden. Aber
was den ungenügenden Zustand der ungarischen Armee anbelangt,
so ist es Thatsache, daß man in den ersten Tagen nach dem
Ausbruch der Revolution in Wien und der Ankunft Jellachichs
auch ohne reguläre Truppen auskommen konnte, da die öster=
reichischen Linientruppen noch lange nicht konzentrirt waren, und
daß eine muthige und unabläßige Verfolgung der ersten Vortheile
über Jellachich, selbst blos mit dem Landsturm, der bei Stuhl=
weißenburg gefochten, genügt hätte, eine Verbindung mit den
Wienern herzustellen und jede Konzentrirung der österreichischen
Armee um sechs Monate hinauszuschieben. Im Krieg, und be=
sonders in der revolutionären Kriegführung, ist Schnelligkeit des
Handelns, bis ein entscheidender Erfolg errungen, die erste Regel;
wir dürfen das unbedenklich auf rein militärische Erwägungen
hin behaupten. Perczel durfte nicht Halt machen, ehe er die
Vereinigung mit den Wienern vollzogen. Wohl war einige Ge=
fahr damit verbunden, aber wer hat je eine Schlacht gewonnen,
ohne etwas dabei zu wagen? Und wagte die Bevölkerung Wiens
nichts, wenn sie, viermalhunderttausend Köpfe stark, die Streit=
kräfte gegen sich lenkte, die bestimmt waren, zur Niederwerfung
der zwölf Millionen Ungarn auszumarschiren? Der militärische

Fehler, dadurch begangen, daß man wartete, bis die Oesterreicher vereinigt waren, und dann die schwächliche Demonstration bei Schwechat machte, die endete, wie sie zu enden verdiente, in einer unrühmlichen Niederlage — dieser militärische Fehler schloß sicherlich mehr Gefahren in sich, als ein kühner Marsch auf Wien gegen die aufgelösten Briganten Jellachichs.

Aber, hat man gesagt, ein derartiger Vorstoß der Ungarn, wenn nicht von einer offiziellen Körperschaft gebilligt, wäre eine Verletzung deutschen Gebiets gewesen, hätte eine Verwicklung mit der Zentralgewalt in Frankfurt nach sich gezogen und hätte vor Allem die Aufgebung der gesetzlichen und konstitutionellen Politik bedeutet, welche die Stärke der ungarischen Sache bildete. Aber die offiziellen Körperschaften in Wien waren bloße Nullen! War es der Reichstag, waren es die verschiedenen demokratischen Ausschüsse, die sich für Ungarn erhoben hatten, oder war es das Volk in Wien, und es allein, das zum Gewehr gegriffen, um die erste Schlacht um Ungarns Unabhängigkeit zu kämpfen? Es war nicht diese oder jene offizielle Körperschaft Wiens, für die es einzutreten galt; alle diese Körperschaften konnten und mußten im Fortgang der revolutionären Entwicklung umgestoßen werden; es war vielmehr die Herrschaft der Revolution selbst, die ununterbrochene Entwicklung der Volksbewegung, um die allein es sich handelte, und die allein Ungarn vor der Invasion bewahren konnte. Welche Formen diese revolutionäre Bewegung in der Folge annehmen mochte, das war Sache der Wiener und nicht der Ungarn, so lange Wien und Deutschösterreich im Ganzen fortfuhren, deren Verbündete gegen den gemeinsamen Feind zu sein. Aber es fragt sich, ob wir in diesem hartnäckigen Bestehen der ungarischen Regierung auf eine gewissermaßen gesetzliche Autorisation nicht das erste deutliche Symptom jenes Systems zu erblicken haben, sich hinter eine ziemlich zweifelhafte Gesetzlichkeit zu verschanzen, das zwar Ungarn nicht rettete, aber wenigstens in einer späteren Zeit vor einem englischen Bourgeoispublikum seinen gehörigen Effekt machte.

Gänzlich hinfällig ist der Hinweis auf mögliche Konflikte mit der Frankfurter Zentralgewalt. Die Frankfurter Machthaber wurden durch den Sieg der Kontrerevolution in Wien thatsächlich gestürzt; sie wären ebenso gestürzt worden, wenn die Revolution in Wien die nöthige Unterstützung gefunden hätte, ihre Gegner zu besiegen. Und das gewichtige Argument endlich, daß Ungarn den gesetzlichen und konstitutionellen Boden nicht verlassen durfte, mag britischen Freihändlern imponiren, wird aber niemals in den Augen der Geschichte als hinreichend gelten. Man nehme an, die Wiener hätten sich am 13. März und 6. Oktober ängstlich an die „gesetzlichen und konstitutionellen Mittel" gehalten, was wäre dann aus der „gesetzlichen und konstitutionellen" Bewegung und allen den glorreichen Schlachten geworden, die Ungarn zum erstenmale in den Gesichtskreis der zivilisirten Welt brachten? Gerade der gesetzliche und konstitutionelle Boden, auf dem sich die Ungarn nach ihrer Behauptung 1848 und 1849 bewegten, war für sie durch die höchst ungesetzliche und unkonstitutionelle Erhebung der Wiener Bevölkerung am 13. März erobert worden. Es gehört hier nicht zu unserer Aufgabe, die Geschichte der ungarischen Revolution zu erörtern, aber es erscheint uns angebracht zu bemerken, daß es völlig nutzlos ist, ausdrücklich nur gesetzliche Mittel des Widerstands gegen einen Feind zu gebrauchen, der solche Bedenken verachtet, und daß ohne dieses ewige Hervorkehren der Gesetzlichkeit, das Görgey sich zu Nutze gemacht und gegen die Regierung ausgespielt hat, die Ergebenheit der Armee Görgeys an ihren Führer und die schmähliche Katastrophe von Vilagos unmöglich gewesen wäre. Und als schließlich die Ungarn, um ihre Ehre zu retten, gegen das Ende des Oktober 1848 die Leitha überschritten, war das nicht ebenso ungesetzlich wie es ein unmittelbarer und entschlossener Angriff gewesen wäre?

Man weiß, daß wir keine unfreundlichen Gefühle gegen Ungarn hegen. Wir standen während seiner Kämpfe auf seiner Seite; und wir dürfen wohl sagen, daß unsere Zeitung, die „Neue Rheinische Zeitung", mehr als jede andere dazu beigetragen hat, die ungarische Sache in Deutschland populär zu machen, dadurch daß sie die Natur des Kampfes zwischen den Magyaren und Slaven erklärte und den ungarischen Krieg in einer Reihe von Artikeln verfolgte, denen die Anerkennung zu Theil wurde, in fast jedem späteren Buche über den Gegenstand plagiirt zu werden, die Schriften von geborenen Ungarn und „Augenzeugen" nicht ausgenommen. Auch jetzt noch betrachten wir Ungarn als den natürlichen und nothwendigen Bundesgenossen Deutschlands während jeder zukünftigen kontinentalen Umwälzung. Aber wir waren streng genug gegen unsere eigenen Landsleute, um ein Recht zu haben, unsere Meinung über unsere Nachbarn frei herauszusagen. Außerdem haben wir hier die Thatsachen mit der Unparteilichkeit des Historikers zu verzeichnen, und so wir müssen erklären, daß in diesem besonderen Falle die hochherzige Kühnheit der Bevölkerung Wiens nicht nur viel erhabener, sondern auch viel weitschauender war als die behutsame Vorsicht der ungarischen Regierung. Und es möge uns als Deutschen noch weiter gestattet sein zu erklären, daß wir alle die prunkenden Siege und glorreichen Schlachten des ungarischen Feldzugs nicht gegen die spontane, isolirte Erhebung und den heroischen Widerstand der Wiener, unserer Landsleute, eintauschen möchten, wodurch Ungarn die Zeit gewann, jene Armee zu organisiren, die so große Dinge verrichten konnte.

Der zweite Bundesgenosse Wiens war das deutsche Volk. Aber dies fand sich überall in denselben Kampf verwickelt wie die Wiener. Frankfurt, Baden, Köln waren eben niedergeworfen und entwaffnet worden. In Berlin und Breslau standen sich Volk und Heer auf das Erbittertste gegenüber, und täglich er=

wartete man einen Ausbruch der Feindseligkeiten. So stand es in jedem lokalen Zentrum der Bewegung. Ueberall waren Fragen in der Schwebe, die nur durch die Gewalt der Waffen entschieden werden konnten; und nun fühlte man zum ersten Male aufs Schwerste die verderblichen Folgen des Fortbestehens der alten Zerrissenheit und Dezentralisation Deutschlands. Die verschiedenen Fragen waren in jedem Staat, jeder Provinz, jeder Stadt, im Grunde dieselben; aber sie tauchten überall unter anderen Formen und Vorwänden auf und hatten in den verschiedenen Gegenden verschiedene Grade der Reife erreicht. So kam es, daß man zwar überall fühlte, welch entscheidende Bedeutung den Ereignissen zu Wien innewohnte, aber daß es doch nirgends möglich war, einen Schlag von Bedeutung zu führen, von dem man erwarten konnte, er werde den Wienern Hilfe bringen, oder eine Diversion zu ihren Gunsten zu machen; zu ihrem Beistand blieben nur noch die Nationalversammlung und die Zentralgewalt von Frankfurt übrig. Von allen Seiten wurden sie angerufen; aber was thaten sie?

Das Frankfurter Parlament und der Bastard, den es als Folge seines blutschänderischen Verkehrs mit dem alten Bundestage in die Welt gesetzt, die sogenannte Zentralgewalt, benutzten die Wiener Bewegung, um ihre eigene völlige Nichtigkeit an den Tag zu legen. Diese verächtliche Versammlung hatte, wie wir gesehen, schon längst ihre Jungfräulichkeit geopfert, und so jung sie war, fing sie bereits an, grauhaarig und in allen Künsten geschwätziger und pseudostaatsmännischer Prostitution erfahren zu werden. Von den Träumen und Illusionen von Macht, von der Wiedergeburt und der Einheit Deutschlands, die sie bei ihrem Beginne erfüllt, blieb nichts als eine Anzahl klingender teutscher Redensarten, die bei jeder Gelegenheit wiederholt wurden, und der feste Glaube jedes einzelnen Abgeordneten an seine eigene Wichtigkeit und an die Leichtgläubigkeit des Publikums. Die ursprüngliche Naivität war verflogen; die Vertreter des deutschen Volkes waren praktische Männer geworden, das heißt, sie waren zur Ueberzeugung gekommen, ihre Stellung als Schiedsrichter über das Schicksal Deutschlands sei um so sicherer, je weniger sie thäten und je mehr sie schwätzten. Nicht etwa, daß sie ihre Verhandlungen für überflüssig hielten; ganz im Gegentheil. Aber sie hatten herausgefunden, daß alle wahrhaft großen Fragen für sie ein verbotenes Gebiet seien, von dem sie sich am besten fern hielten, und gleich einem Konzilium byzantinischer Doktoren des oströmischen Kaiserreichs diskutirten sie daher mit einer Wichtigthuerei und einer Emsigkeit, würdig des Schicksals, das sie schließlich erreichte, theoretische Dogmen, die schon seit Langem in jedem Theil der zivilisirten Welt erledigt waren, oder mikroskopische praktische Fragen, die niemals zu einem praktischen Ergebniß führten. Da die Versammlung also eine Art Lancaster-Schule war, in der die Abgeordneten sich gegenseitig unterrichteten, und da sie demnach für diese die größte Bedeutung hatte, so war sie überzeugt, sie leiste mehr als das deutsche Volk zu erwarten ein Recht habe, und sie betrachtete Jeden als einen Verräther, der die Unverschämtheit besaß, zu verlangen, sie solle zu einem Resultat gelangen.

Als die Erhebung in Wien ausbrach, gab es eine Anzahl von Interpellationen, Debatten, Anträgen und Gegenanträgen in der Nationalversammlung, die natürlich zu nichts führten. Die Zentralgewalt sollte einschreiten. Sie sandte zwei Kommissäre nach Wien, den Exliberalen Welcker und Mosle. Die Fahrten Don Quixotes und Sancho Pansas sind ein Stoff für eine Odyssee im Vergleich mit den Heldenthaten und wunderbaren Abenteuern dieser zwei irrenden Ritter der deutschen Einheit. Da sie es nicht wagten, nach Wien zu gehen, wurden sie von Windischgrätz angeschnauzt, vom idiotischen Kaiser angestaunt und vom Minister Stadion aufs Unverschämteste gefoppt. Ihre Depeschen und Berichte sind vielleicht der einzige Theil der Frankfurter Protokolle, der einen Platz in der deutschen Literatur behaupten wird; sie sind ein fertiger

satirischer Roman und ein ewiges Monument der Schande für
die Frankfurter Nationalversammlung und ihre Regierung.

Die Linke der Nationalversammlung hatte ebenfalls zwei
Kommissäre nach Wien geschickt, die ihre Autorität dort geltend
machen sollten, Fröbel und Robert Blum. Als die Gefahr heran=
rückte, erkannte Blum richtig, daß hier die Entscheidungsschlacht der
deutschen Revolution zum Austrag kommen werde, und entschloß
sich ohne Zaudern, seinen Kopf einzusetzen. Fröbel war dagegen
der Ansicht, es sei seine Pflicht, sich für die wichtigen Aufgaben
seiner Stellung in Frankfurt zu erhalten. Blum galt für einen
der beredtesten Männer der Frankfurter Versammlung; er war
sicher ihr populärstes Mitglied. Seine Beredtsamkeit wäre den
Anforderungen eines erfahrenen Parlaments nicht gewachsen ge=
wesen; er liebte zu sehr die seichten Deklamationen eines deut=
schen Freidenkerpredigers, und seinen Argumenten fehlte sowohl
philosophische Schärfe wie die Vertrautheit mit den Thatsachen
der Wirklichkeit. Als Politiker gehörte er der „modernen Demo=
kratie" an, einer ziemlich unbestimmten, aber gerade wegen
dieses Mangels an Bestimmtheit ihrer Grundsätze sehr beliebten
Richtung. Bei alledem war jedoch Robert Blum von Natur aus
durch und durch ein, wenn auch etwas abgeschliffener Plebejer,
und in entscheidenden Momenten überwanden sein plebejischer In=
stinkt und seine plebejische Energie die Unbestimmtheit und daher
Unentschiedenheit seiner politischen Ueberzeugung und Einsicht. In
solchen Momenten erhob er sich weit über das gewöhnliche Niveau
seiner Fähigkeiten.

So sah er in Wien mit einem Blick, daß dort, nicht in den
elegant sein sollenden Debatten von Frankfurt das Schicksal seines
Landes zur Entscheidung kommen müsse. Er faßte sofort seinen
Entschluß, gab jeden Gedanken an Rückzug auf, übernahm ein
Kommando in der Revolutionsarmee und benahm sich mit außer=
ordentlicher Kaltblütigkeit und Festigkeit. Er war es, der die

Eroberung der Stadt um eine erhebliche Zeit hinausschob und eine ihrer Seiten gegen einen Angriff sicherstellte, indem er die Taborbrücke über die Donau verbrannte. Allgemein bekannt ist es, daß er nach der Eroberung Wiens gefangen genommen, vor ein Kriegsgericht gestellt und erschossen wurde. Er starb wie ein Held. Die Frankfurter Versammlung aber nahm trotz ihres Entsetzens diesen blutigen Schimpf mit äußerlich guter Miene auf. Eine Resolution wurde gefaßt, die durch die Milde und diplomatische Glätte ihrer Sprache eher eine Beschimpfung des Grabes des ermordeten Märtyrers bedeutete, als ein verdammendes Urtheil über Oesterreich. Aber man durfte auch nicht erwarten, diese verächtliche Versammlung werde durch die Ermordung eines ihrer Mitglieder, namentlich eines der Führer der Linken, aus ihrer Ruhe gebracht werden.

(Erschienen in der „Tribune" vom 9. April 1852.)

XIII.
Der Ausgang der konstituirenden Versammlung in Berlin.

London, März 1852.

Am 1. November fiel Wien und am 9. desselben Monats zeigte die Auflösung der konstituirenden Versammlung in Berlin, wie sehr dies Ereigniß sofort den Muth und die Kraft der kontrerevolutionären Partei in ganz Deutschland gehoben hatte.

Die Ereignisse des Sommers 1848 in Preußen sind bald erzählt. Die konstituirende Versammlung, oder vielmehr die „Versammlung, zu dem Zwecke erwählt, eine Verfassung mit der Krone zu vereinbaren", und ihre Majorität von Vertretern der Bourgeoisinteressen hatte sich längst dadurch um alle öffentliche Achtung gebracht, daß sie sich aus Furcht vor den energischeren Ele-

menten der Bevölkerung zu allen Intriguen der Krone hergab. Sie
hatte die verhaßten Privilegien des Feudalismus bestätigt oder viel=
mehr wiederhergestellt und so die Freiheit und die Interessen der
Bauernschaft verrathen. Sie war weder im Stande gewesen, eine
Verfassung zu entwerfen, noch auch die allgemeinen Gesetze in irgend
einer Weise zu verbessern. Sie hatte sich fast ausschließlich mit
seinen theoretischen Unterscheidungen beschäftigt, bloßen Formalitäten
und Fragen konstitutioneller Etiquette. Die Kammer war that=
sächlich mehr eine Schule parlamentarischer Lebensart für ihre
Mitglieder als eine Körperschaft, an der das Volk ein Interesse
nehmen konnte. Die beiden Seiten des Hauses waren überdies ziem=
lich gleich stark und die Entscheidung lag fast stets bei den wankel=
müthigen Zentren, deren Schwankungen von rechts nach links und
umgekehrt, zuerst das Ministerium Camphausen, dann das Mini=
sterium Auerswald=Hansemann stürzten. Aber während derart
die Liberalen hier wie überall die Gelegenheit ungenutzt vorüber=
gehen ließen, organisirte der Hof die Elemente seiner Kraft unter
dem Adel und dem zurückgebliebensten Theil der Landbevölkerung,
sowie in der Armee und der Bureaukratie. Nach dem Sturze
Hansemanns wurde ein Ministerium von Bureaukraten und Offi=
zieren gebildet, alles eingefleischte Reaktionäre, das jedoch an=
scheinend sich den Forderungen des Parlaments fügte; und die
Versammlung, die sich an den bequemen Grundsatz hielt, „nur die
Maßregeln und nicht die Leute" anzusehen, ließ sich thatsächlich
so sehr übertölpeln, daß sie dieses Ministerium mit Beifall be=
grüßte, während sie natürlich kein Auge für die Konzentration
und Organisation der kontrerevolutionären Streitkräfte hatte, die
dasselbe Ministerium recht offen betrieb. Endlich, nachdem der
Fall Wiens das Signal gegeben, entließ der König seine Minister
und ersetzte sie durch „Männer der That" unter der' Führung
des jetzigen Ministerpräsidenten Manteuffel. Da erwachte die
träumende Versammlung mit einem Male zur Erkenntniß der

Gefahr; sie sprach dem Kabinet ihr Mißtrauen aus, was sofort
durch einen Erlaß beantwortet wurde, der den Sitz der Kammer
von Berlin, wo sie im Falle eines Konflikts auf die Unterstützung
der Massen zählen konnte, nach Brandenburg verlegte, einer kleinen
Provinzialstadt, die völlig von der Regierung abhing. Die Ver=
sammlung erklärte jedoch, sie könne nicht vertagt, verlegt oder
aufgelöst werden, außer mit ihrer eigenen Zustimmung. In=
zwischen marschirte General Wrangel an der Spitze von ungefähr
40 000 Mann in Berlin ein. In einer Versammlung der städtischen
Behörden und der Offiziere der Bürgerwehr wurde beschlossen,
keinen Widerstand zu leisten. Und nun, nachdem die Versamm=
lung und ihre Hintermänner, die liberale Bourgeoisie, der ver=
einigten reaktionären Partei gestattet hatten, jede Stellung von
Bedeutung einzunehmen und ihren Händen fast jedes Mittel der
Vertheidigung zu entwinden, begann die große Komödie des
„passiven und gesetzlichen Widerstands", die sie zu einer glor=
reichen Nachahmung des Beispiels Hampdens und der ersten Maß=
regeln der Amerikaner im Unabhängigkeitskrieg gestalten wollten.
Berlin wurde in Belagerungszustand erklärt, und Berlin blieb
ruhig; die Bürgerwehr wurde von der Regierung aufgelöst, und
ihre Waffen wurden mit der größten Pünktlichkeit abgeliefert.
Die Kammer wurde während zwei Wochen von einem Ver=
sammlungsort zum anderen gejagt und überall durch Militär
auseinandergetrieben, und die Mitglieder der Versammlung flehten
die Bürger an, ruhig zu bleiben. Als endlich die Regierung die
Kammer für aufgelöst erklärte, beschloß diese, die Erhebung der
Steuern für ungesetzlich zu erklären, und dann zerstreuten sich
ihre Mitglieder im Lande, die Steuerverweigerung zu organisiren.
Aber sie entdeckten, daß sie sich in der Wahl ihrer Mittel kläglich
getäuscht hatten. Nach einigen bewegten Wochen, denen strenge
Maßregeln der Regierung gegen die Opposition folgten, gab Jeder=
mann den Gedanken auf, einer abgestorbenen Nationalversamm=

lung zu Liebe, die nicht einmal den Muth gehabt, sich selbst zu vertheidigen, die Steuern zu verweigern.

Ob es im Beginn des November 1848 schon zu spät war, bewaffneten Widerstand zu versuchen, oder ob ein Theil der Armee, wenn er ernstlichen Widerstand fand, sich auf die Seite der Kammer geschlagen und auf diese Weise die Sache zu ihren Gunsten entschieden hätte, ist eine Frage, die wohl nie gelöst werden wird. Aber in der Revolution wie im Kriege ist es immer nothwendig, dem Feinde die Spitze zu bieten, und der Angreifer ist im Vortheil; in der Revolution wie im Kriege ist es unumgänglich nothwendig, im entscheidenden Moment alles zu wagen, wie die Chancen auch stehen mögen. Es giebt keine erfolgreiche Revolution in der Geschichte, die nicht die Wahrheit dieses Satzes bekundete. Für die preußische Revolution war aber im November 1848 der entscheidende Moment gekommen; die preußische konstituirende Versammlung, die offiziell an der Spitze der ganzen revolutionären Bewegung stand, bot dem Feinde nicht die Stirne, denn sie zog sich bei jedem Vorrücken desselben zurück; noch weniger ging sie zum Angriff vor, denn sie wagte nicht einmal sich zu vertheidigen; und als der entscheidende Moment kam, als Wrangel an der Spitze von vierzigtausend Mann an die Thore von Berlin pochte, da fand er keineswegs, wie er und seine Offiziere fest erwartet, jede Straße mit Barrikaden verrammelt, jedes Fenster in eine Schießscharte verwandelt, sondern die Thore offen und in den Straßen als einziges Passagehinderniß friedliche Berliner Bürger, die sich köstlich über den Streich amüsirten, den sie Wrangel dadurch gespielt, daß sie sich, an Händen und Füßen gebunden, den überraschten Soldaten überlieferten. Es ist wahr, wenn die Versammlung und das Volk Widerstand leisteten, war es möglich, daß sie geschlagen wurden; Berlin konnte bombardirt, und viele Hunderte konnten getödtet werden, ohne daß der schließliche Sieg der königlichen Partei dadurch verhindert wurde. Aber das war kein Grund, die Waffen ohne Weiteres niederzulegen. Eine Niederlage nach hartnäckigem Kampfe ist eine Thatsache von ebenso revolutionärer Bedeutung, wie ein leicht gewonnener Sieg. Die Niederlagen von Paris im Juni und von Wien im Oktober 1848 haben zur Revolutionirung der Köpfe der Bevölkerung dieser zwei Städte jedenfalls weit mehr beigetragen, als die Siege vom Februar und März. Die Versammlung und die Bevölkerung Berlins hätten vielleicht das Schicksal der beiden oben genannten Städte getheilt; aber sie wären ruhmvoll unterlegen und hätten in den Gemüthern der Ueberlebenden ein Verlangen nach Rache hinterlassen, das in revolutionären Zeiten einen der mächtigsten Antriebe zu energischem und leidenschaftlichem Handeln bildet. Bei jedem Kampfe ist es selbstverständlich, daß derjenige, der den Handschuh aufnimmt, Gefahr läuft, geschlagen zu werden; aber ist das ein Grund, sich für geschlagen zu erklären und zu unterwerfen, ohne das Schwert gezogen zu haben?

In einer Revolution verdient ohne Unterschied Jeder als ein Verräther behandelt zu werden, der eine entscheidende Position befehligt und sie übergiebt, statt den Feind zu zwingen, einen Sturm zu versuchen.

Derselbe Erlaß des Königs von Preußen, der die konstituirende Versammlung auflöste, verkündigte auch eine neue Verfassung; diese beruhte auf dem Entwurf, den eine Kommission der Versammlung hergestellt hatte, erweiterte aber in manchen Punkten die Befugnisse der Krone und machte in anderen die des Parlaments zweifelhaft; sie führte zwei Kammern ein, die bald zusammentreten sollten, um die Verfassung zu bestätigen und zu revidiren.

Wir brauchen kaum zu fragen, wo die deutsche Nationalversammlung während des „gesetzlichen und friedlichen" Kampfes der preußischen Konstitutionalisten blieb. Sie war, wie gewöhnlich in Frankfurt, damit beschäftigt, sehr zahme Resolutionen gegen das Vorgehen der preußischen Regierung zu faſſen und das „imposante Schauspiel des passiven, geſetzlichen und einmüthigen Widerstandes eines ganzen Volkes gegen brutale Gewalt" zu bewundern. Die Zentralregierung entſendete Kommiſſäre nach Berlin, die zwiſchen dem Miniſterium und der Verſammlung vermitteln ſollten; aber ſie hatten dasſelbe Schicksal, wie ihre Vorgänger in Olmütz, und wurden höflichſt hinauskomplimentirt. Die Linke der Nationalverſammlung, das heißt die ſogenannte radikale Partei, ſandte auch ihre Kommiſſäre, aber nachdem ſie ſich gebührend von der völligen Hilfloſigkeit der Berliner Verſammlung überzeugt und ihre eigene ebenſo große Hilfloſigkeit bekannt hatten, kehrten ſie nach Frankfurt zurück, um Bericht zu erſtatten und die bewunderungswürdig friedliche Haltung der Berliner zu bezeugen. Mehr noch! Als Herr Baſſermann, einer der Kommiſſäre der Zentralregierung, berichtete, die jüngſten ſcharfen Maßregeln der preußiſchen Miniſter ſeien nicht ohne Grund, da man in der letzten Zeit in den Straßen Berlins eine Anzahl gefährlich ausſehender Geſtalten habe herumſtrolchen ſehen können, die immer am Vorabend anarchiſcher Bewegungen auftauchen (und die ſeitdem den Namen „Baſſermannſche Geſtalten" behalten haben), da erhoben ſich alsbald die würdigen Abgeordneten der Linken und energiſchen Vertreter der Revolution, um feierlich zu erklären, daß dies nicht der Fall ſei!

Innerhalb zweier Monate war alſo die völlige Ohnmacht der Frankfurter Verſammlung für Jedermann offenkundig geworden. Es konnte nicht ſchärfer bewieſen werden, daß dieſe Körperſchaft ihrer Aufgabe ganz und gar nicht gewachſen war, oder vielmehr, daß ſie nicht die leiſeſte Idee davon hatte, was ihre Aufgabe wirklich war. Die Thatſache, daß das Schickſal der Revolution in Wien und Berlin entſchieden wurde, daß in dieſen beiden Hauptſtädten die wichtigſten und weſentlichſten Fragen erledigt wurden, ohne daß man ſich um die Frankfurter Verſamm=

lung auch nur im Entferntesten kümmerte — diese Thatsache allein genügt, zu beweisen, daß diese Versammlung ein bloßer Debattirklub war, bestehend aus einer Anzahl leichtgläubiger Tröpfe, die sich von den Regierungen als parlamentarische Marionetten gebrauchen ließen, um zum Vergnügen der Kleinbürger von Kleinstaaten und Kleinstädten produzirt zu werden, so lange man es für vortheilhaft erachtete, diese Herrschaften zu zerstreuen. Wie lange man das für vortheilhaft hielt, werden wir bald sehen. Aber es ist eine bemerkenswerthe Thatsache, daß unter allen den „hervorragenden" Männern dieser Versammlung keiner war, der nur die leiseste Ahnung von der Rolle hatte, die man sie spielen ließ, und daß bis auf den heutigen Tag Exmitglieder des Frankfurter Klubs unwandelbar ganz eigengeartete Organe historischer Wahrnehmung besitzen.

(Erschienen in der „Tribune" vom 17. April 1852.)

XIV.
Die Anfänge des Jahres 1849.

London, April 1852.

Die ersten Monate des Jahres 1849 wurden von den Regierungen Preußens und Oesterreichs benutzt, die Vortheile weiter zu verfolgen, die sie im Oktober und November 1848 erlangt. Der österreichische Reichstag hatte seit der Einnahme Wiens in einem kleinen mährischen Landstädtchen, Namens Kremsier, ein rein nominelles Dasein geführt. Die slavischen Abgeordneten, die mit ihren Mandatgebern hauptsächlich dazu geholfen hatten, die österreichische Regierung aus ihrer jämmerlichen Lage wieder zu erheben, wurden dort für ihren Verrath an der europäischen Revolution besonders streng gezüchtigt. Sobald die Regierung ihre Kraft wieder erlangt hatte, behandelte sie den Reichstag und

seine slavische Majorität mit der größten Verachtung, und als
die ersten Erfolge der kaiserlichen Waffen die baldige Beendigung
des Krieges in Ungarn erwarten ließen, wurde der Reichstag
am 4. März aufgelöst und die Abgeordneten durch Militär aus=
einandergetrieben. Da erkannten endlich die Slaven, daß sie
genarrt waren, und nun riefen sie: „Laßt uns nach Frankfurt
gehen und dort die Opposition fortsetzen, die uns hier unmöglich
gemacht ist." Aber da war es zu spät, und schon die Thatsache,
daß sie keine andere Alternative hatten als entweder ruhig zu
bleiben oder in die machtlose Frankfurter Nationalversammlung
einzutreten, diese Thatsache allein zeigt schon ihre völlige Hilf=
losigkeit.

So endeten für jetzt und sehr wahrscheinlich für immer die
Versuche der Slaven Deutschlands, ein selbständiges nationales
Dasein zu erringen. Zersplitterte Ueberreste zahlreicher Nationen,
deren Nationalität und politische Lebenskraft längst erstickt worden
und die daher seit fast tausend Jahren gezwungen gewesen sind,
den Spuren einer mächtigeren Nation zu folgen, von der sie über=
wunden worden, ebenso wie die Welschen in England, die Basken
in Spanien, die Niederbretonen in Frankreich und in jüngerer
Zeit die spanischen und französischen Kreolen in jenen Theilen
Nordamerikas, die neuerdings von der angloamerikanischen Rasse be=
setzt worden — diese sterbenden Nationalitäten, die Böhmen,
Kärnthner, Dalmatiner u. s. w., hatten versucht, die allgemeine
Konfusion von 1848 zur Wiederherstellung des politischen status
quo auszunutzen, der im Jahre des Herrn 800 bestand. Die
Geschichte eines Jahrtausends müßte ihnen gezeigt haben, daß
ein solcher Rückschritt unmöglich war; daß, wenn das gesammte
Gebiet östlich der Elbe und Saale einst von einer Reihe mit=
einander verwandter slavischer Völker bewohnt war, diese That=
sache nur die historische Tendenz und gleichzeitig die physische und
intellektuelle Kraft der deutschen Nation anzeigte, ihre alten öst=

lichen Nachbarn zu unterwerfen, aufzusaugen und sich zu assimiliren; daß diese absorbirende Tendenz der Deutschen stets eines der mächtigsten Mittel gebildet hat und noch bildete, wodurch die Zivilisation des westlichen Europa im Osten dieses Kontinents verbreitet wurde; daß diese Tendenz erst dann aufhören könne zu wirken, wenn der Prozeß der Germanisirung an der Grenze großer, geschlossener, ungebrochener Nationen anlangte, die fähig sind ein selbständiges nationales Leben zu führen, wie die Ungarn und in gewissem Grade die Polen, und daß es daher das natürliche und unvermeidliche Schicksal dieser sterbenden Nationen war, den Prozeß der Auflösung und Aufsaugung durch ihre stärkeren Nachbarn sich vollenden zu lassen. Das ist allerdings keine schmeichelhafte Aussicht für den nationalen Ehrgeiz der panslavistischen Träumer, denen es gelungen war, einen Theil der Böhmen und Südslaven in Bewegung zu setzen; aber dürfen sie erwarten, die Geschichte werde um tausend Jahre zurückschreiten, einigen schwindsüchtigen Gesellschaften von Leuten zu Liebe, die in jedem Theil des Landes, das sie bewohnen, Deutsche neben sich und um sich finden, die seit fast undenklichen Zeiten für alle Zwecke der Zivilisation keine andere Sprache haben als die deutsche, und denen die ersten Bedingungen des nationalen Lebens fehlen: große Volkszahl und Geschlossenheit des Gebiets?

Kein Wunder, daß die Erhebung des Panslavismus, hinter der sich in allen den slavischen Gebieten Deutschlands und Ungarns das Streben nach der Wiederherstellung der Unabhängigkeit dieser zahllosen kleinen Nationen verbarg, überall mit den europäischen revolutionären Bewegungen feindlich zusammenstieß, und daß die Slaven, obwohl sie behaupteten für die Freiheit zu fechten, unterschiedslos (mit Ausnahme des demokratischen Theils der Polen) auf der Seite des Despotismus und der Reaktion gefunden wurden. Dies war der Fall in Deutschland, in Ungarn, und sogar hie und da in der Türkei. Verräther an der Volkssache, Beschützer und die Hauptstützen der Kabalen der österreichischen Regierung, brandmarkten sie sich selbst in den Augen aller revolutionären Nationen. Und obwohl nirgends die Masse der Bevölkerung an den kleinen, von den panslavistischen Führern erregten nationalen Zänkereien Antheil nahm, schon aus dem Grunde, weil sie zu unwissend war, wird es doch unvergessen bleiben, daß in Prag, einer halbdeutschen Stadt, Schaaren slavischer Fanatiker den Ruf bejubelten und wiederholten: „Lieber die russische Knute als die deutsche Freiheit!" Nach der Ernüchterung, die ihr erster Anlauf von 1848 hinterlassen, und nach der Lektion, die ihnen die österreichische Regierung ertheilt, ist es nicht wahrscheinlich, daß ein anderer Versuch bei einer späteren Gelegenheit gemacht werden wird. Aber wenn sie nochmals versuchen sollten, sich unter ähnlichen Vorwänden mit den kontrerevolutionären Mächten zu verbinden, so liegt die Pflicht Deutschlands klar zu Tage. Kein Land, das im Zustand der Revolution und in einen auswärtigen Krieg verwickelt ist, kann eine Vendee mitten in seinem Herzen dulden.

Auf die Verfassung, die der Kaiser gleichzeitig mit der Auflösung des Reichstags erließ, brauchen wir nicht nochmals zurückzukommen, da sie niemals in faktische Wirksamkeit trat und jetzt vollständig beseitigt ist. Der Absolutismus ist seit dem 4. März 1849 in Oesterreich nach allen Richtungen hin wieder hergestellt.

In Preußen traten die Kammern im Februar zusammen, um die neue, vom König gegebene Verfassung zu bestätigen und zu revidiren. Sie tagten ungefähr sechs Wochen lang, unterthänig und demüthig genug gegenüber der Regierung, aber doch nicht so willig, wie der König und seine Minister es gern gesehen hätten. Sobald sich daher eine passende Gelegenheit fand, wurden sie aufgelöst.

So waren Oesterreich und Preußen für den Augenblick die Fesseln parlamentarischer Ueberwachung losgeworden. Die Regierungen vereinigten nun die gesammte Staatsgewalt in sich selbst und konnten sie dort zur Anwendung bringen, wo sie gerade gebraucht wurde: Oesterreich gegen Ungarn und Italien, Preußen gegen Deutschland. Denn auch Preußen rüstete zu einem Feldzug, durch den die „Ordnung" in den kleineren Staaten wiederhergestellt werden sollte.

Da jetzt die Kontrerevolution in den zwei großen Zentren der Bewegung von Deutschland, in Wien und Berlin, gesiegt hatte, blieben nur die kleineren Staaten, in denen der Kampf noch nicht entschieden war, obwohl auch dort die Wage sich mehr und mehr zu Ungunsten der Revolution neigte. Diese kleineren Staaten fanden, wie schon bemerkt, einen gemeinsamen Mittelpunkt in der Frankfurter Nationalversammlung. Nun war wohl der reaktionäre Geist dieser sogenannten Nationalversammlung längst offenbar geworden, so sehr, daß das Volk in Frankfurt selbst die Waffen gegen sie ergriffen hatte; aber immerhin war sie ihrem Ursprung nach mehr oder weniger revolutionärer Natur. Sie nahm im Januar eine abnorme revolutionäre Stellung ein; obwohl ihre Kompetenz niemals bestimmt worden war, war sie schließlich zu der Entscheidung gekommen — die jedoch niemals von den größeren Staaten anerkannt wurde — daß ihre Beschlüsse Gesetzeskraft besitzen sollten. Unter diesen Umständen und da die konstitutionell=monarchische Partei durch die Kräftigung der Absolutisten ihre Stellung völlig verändert fand, ist es kein Wunder, daß die liberale, monarchistische Bourgeoisie fast ganz Deutschlands ihre letzten Hoffnungen auf die Majorität dieser Versammlung setzte, ebenso wie das Kleinbürgerthum, der Kern der demokratischen Partei, in seiner wachsenden Noth sich um die Minorität derselben Körperschaft schaarte, die in der That die letzte geschlossene Phalanx der Demokratie bildete. Auf der an=

deren Seite erkannten die größeren Regierungen, und besonders das preußische Ministerium, immer deutlicher die Unvereinbarkeit einer derartigen unkontrollirbaren erwählten Versammlung mit dem wiederhergestellten monarchischen System Deutschlands, und wenn sie nicht sofort deren Auflösung erzwangen, so ist dies nur dem Umstand zuzuschreiben, daß die Zeit noch nicht gekommen war und daß Preußen hoffte, die Versammlung vorher noch zur Förderung seiner eigenen ehrgeizigen Absichten ausnutzen zu können.

Inzwischen verfiel diese klägliche Versammlung in immer größere Verwirrung. Man hatte ihre Deputationen und Kommissäre in Wien wie in Berlin mit der größten Verachtung behandelt; eines ihrer Mitglieder war trotz seiner parlamentarischen Unverletzlichkeit in Wien als gemeiner Empörer hingerichtet worden. Nirgends wurden ihre Erlasse beachtet; wenn die größeren Mächte überhaupt Notiz von ihnen nahmen, so geschah dies nur durch Protestnoten, welche die Berechtigung der Versammlung zur Votirung von Gesetzen und Beschlüssen, die für ihre Regierungen verbindlich sein sollten, bestritten. Die Vertretung der Versammlung, die zentrale Exekutivgewalt, war in diplomatische Zänkereien mit fast allen Kabinetten Deutschlands verwickelt, und trotz aller ihrer Bemühungen konnten weder Versammlung noch Zentralregierung Oesterreich und Preußen dahin bringen, ihre definitiven Ansichten, Pläne und Forderungen auseinanderzusetzen. Schließlich begann die Versammlung wenigstens so viel klar zu erkennen, daß sie jegliche Macht sich hatte entschlüpfen lassen, daß sie in der Gewalt Oesterreichs und Preußens war, und daß sie, wenn sie überhaupt eine Reichsverfassung für Deutschland fertigstellen wollte, sich sofort und mit vollem Ernst an die Arbeit machen mußte. Und gar manche der schwankenden Mitglieder merkten auch klar, daß sie von den Regierungen gründlich zum Narren gehalten worden waren. Aber was konnten sie in ihrer Machtlosigkeit jetzt thun? Der einzige Schritt, der sie noch retten konnte, war der schleunige

und entschiedene Uebergang in das Lager des Volkes; indeß war
selbst der Erfolg dieses Schrittes mehr als zweifelhaft. Und wo
waren in jenem hilflosen Haufen unentschlossener, kurzsichtiger,
aufgeblasener Geschöpfe, die, wenn der ewige Lärm einander
widersprechender Gerüchte und diplomatischer Noten sie völlig be=
täubt hatte, ihre einzige Tröstung und Zuflucht in der unendlich
wiederholten Versicherung suchten, daß sie die besten, die größten,
die weisesten Männer des Landes seien, und daß sie allein Deutsch=
land retten könnten; wo, fragen wir, waren unter diesen Jammer=
gestalten, die ein einziges Jahr parlamentarischen Lebens zu voll=
ständigen Idioten gemacht, wo waren da die Männer für einen
raschen und kraftvollen Entschluß, geschweige denn für ein ener=
gisches und konsequentes Handeln zu finden?

Endlich warf die österreichische Regierung die Maske ab.
In ihrer Verfassung vom 4. März erklärte sie Oesterreich für
eine untheilbare Monarchie mit gemeinsamen Finanzen, einem
gemeinsamen Zollsystem und gemeinsamem Heerwesen, wodurch sie
jede Schranke und Unterscheidung zwischen den deutschen und
nichtdeutschen Provinzen beseitigte. Diese Erklärung wurde er=
lassen angesichts der Resolutionen und Artikel der zukünftigen
Reichsverfassung, die von der Frankfurter Versammlung bereits
angenommen worden waren. Es war der Fehdehandschuh, den
Oesterreich hingeworfen, und der armen Versammlung blieb keine
Wahl, sie mußte ihn aufnehmen. Das that sie mit einem Auf=
wand hochtrabender Redensarten, die Oesterreich im Bewußtsein
seiner Macht und der völligen Nichtigkeit der Versammlung ruhig
hingehen lassen durfte. Und diese kostbare Vertretung des deutschen
Volkes, wie sie selbst sich nannte, wußte, um sich für diesen
Schimpf an Oesterreich zu rächen, nichts Besseres zu thun, als sich
mit gebundenen Händen und Füßen der preußischen Regierung zu
Füßen zu werfen. So unglaublich es scheint, sie bog thatsächlich
die Knie vor denselben Ministern, die sie als verfassungswidrig

und volksfeindlich gebrandmarkt und auf deren Entlassung sie
vergebens bestanden hatte. Die Details dieser schmachvollen Verhandlungen und der tragikomischen Ereignisse, die ihnen folgten,
sollen das Thema unseres nächsten Briefes bilden.

(Erschienen in der "Tribune" vom 22. April 1852.)

XV.
Der Abschluß der Reichsverfassung und die Kaiserposse.

London, Juli 1852.

Wir kommen nun zu dem letzten Kapitel in der Geschichte
der deutschen Revolution: dem Konflikt der Nationalversammlung
mit den Regierungen der verschiedenen Staaten, besonders Preußens;
den Erhebungen des südwestlichen und westlichen Deutschland und
ihrer schließlichen Niederwerfung durch Preußen.

Wir haben bereits die Frankfurter Nationalversammlung an
der Arbeit gesehen. Wir sahen, wie Oesterreich ihr Fußtritte
versetzte, Preußen sie insultirte, die kleineren Staaten ihr den
Gehorsam verweigerten und die eigene impotente Zentral-"Regierung", die selbst von jedem Fürsten im Lande betrogen wurde,
sie betrog. Aber am Ende begannen die Verhältnisse für diese
schwächliche, schwankende, abgeschmackte gesetzgebende Versammlung
eine drohende Gestalt anzunehmen. Sie mußte zu dem Schlusse
kommen, "die erhabene Idee der deutschen Einheit sei in ihrer
Verwirklichung bedroht", was nicht mehr oder weniger bedeutete,
als es sei höchst wahrscheinlich, daß die Frankfurter Versammlung
und alles was sie gethan und thun wollte, sich in blauen Dunst
auflösen werde. Daher machte sie sich mit heißem Bemühen an
die Arbeit, um so bald als möglich ihr großes Werk zu vollenden,
die „Reichsverfassung". Dabei war jedoch eine Schwierigkeit zu

überwinden. Welcher Art sollte die Exekutivgewalt sein? Ein
vollziehender Ausschuß? Nein; das hieße, überlegten sie in ihrer
Weisheit, aus Deutschland eine Republik machen. Ein "Präsident"?
Das liefe auf dasselbe hinaus. Also mußte die alte Kaiserwürde
wieder erneuert werden. Aber — da natürlich ein Fürst Kaiser
werden sollte — wer sollte es sein? Sicher keiner der dii minorum
gentium von Reuß=Greiz=Schleiz=Lobenstein=Ebersdorf bis Bayern;
weder Oesterreich noch Preußen hätten sich das bieten lassen. Nur
Oesterreich oder Preußen konnten es sein. Aber welches der beiden?
Kein Zweifel, daß, wenn die Verhältnisse sonst günstiger gewesen
wären, die erhabene Versammlung heute noch beisammensäße und
dies wichtige Dilemma diskutirte, ohne zu einem Beschluß kommen
zu können, hätte nicht die österreichische Regierung den gordischen
Knoten durchhauen und den Herren die Mühe erspart.

Oesterreich wußte ganz gut, daß von dem Augenblick an,
in dem es wieder vor Europa als Herr aller seiner Provinzen,
als eine starke und große europäische Macht auftreten konnte,
das Gesetz der politischen Schwerkraft von selbst den Rest Deutsch=
lands wieder in sein Bereich ziehen würde, ohne die Hilfe der
Autorität, die ihm eine von der Frankfurter Versammlung ver=
gebene Kaiserkrone verleihen konnte. Oesterreich war viel stärker,
viel freier in seinen Bewegungen, seitdem es die machtlose Krone
des deutschen Kaiserthums abgeschüttelt — eine Krone, die seine
selbständige Politik auf Schritt und Tritt hemmte, ohne ein Jota
zu seiner Kraft, weder innerhalb noch außerhalb Deutschlands, hin=
zuzufügen. Und wenn es dahin kommen sollte, daß Oesterreich sich
in Italien und Ungarn nicht mehr behaupten könnte, dann würde
es auch in Deutschland aufgelöst und vernichtet sein und könnte nie=
mals wieder den Anspruch auf eine Krone erheben, die seinen
Händen entschlüpft war, als es sich noch im Vollbesitz seiner
Macht befand. Oesterreich erklärte sich daher ohne Weiteres gegen
jede Auferstehung des Kaiserthums und verlangte offen die Wieder=

herstellung des Bundestags, der einzigen Zentralregierung Deutschlands, welche die Verträge von 1815 kannten und anerkannten; und am 4. März 1849 gab es jene Verfassung, die nichts anderes bedeutete, als die Proklamirung Oesterreichs zu einer untheilbaren, zentralisirten und selbständigen Monarchie, ganz verschieden gerade von jenem Deutschland, das die Frankfurter Versammlung wieder aufrichten wollte.

Diese offene Kriegserklärung ließ allerdings den Frankfurter Weisen nur die Wahl, Oesterreich aus Deutschland auszuschließen und aus dem Rest dieses Landes eine Art Bas Empire, ein „Kleindeutschland" zu schaffen, dessen ziemlich schäbiger Kaisermantel auf die Schultern seiner Majestät von Preußen zu fallen hatte. Das war, wie man sich erinnern wird, die Erneuerung eines alten Projekts, das einige sechs bis acht Jahre vorher von einer Partei süd- und mitteldeutscher Doktrinäre ausgeheckt worden war, die nun Gott für die bemüthigenden Umstände dankten, durch die ihr altes Steckenpferd wieder in den Vordergrund geschoben wurde als der neueste „Schachzug" zum Heil des Vaterlandes.

Demgemäß brachte die Versammlung im Februar und März 1849 die Debatten über die Reichsverfassung mit den Grundrechten und dem Reichswahlgesetz zum Abschluß; jedoch nicht, ohne sich in sehr vielen Punkten zu den widersprechendsten Konzessionen genöthigt zu sehen — heute an die konservative oder vielmehr reaktionäre Partei, morgen an die radikaleren Fraktionen. Es war thatsächlich unbestreitbar, daß die Führung der Versammlung, die früher in den Händen der Rechten und des rechten Zentrums (der Konservativen und Reaktionäre) gewesen, allmälig, wenn auch langsam, auf die Linke oder die demokratische Seite des Hauses überging. Die ziemlich unbestimmte Stellung der österreichischen Abgeordneten in einer Versammlung, die ihr Land aus Deutschland ausgeschlossen hatte, und in der sie doch auch weiterhin sitzen und stimmen sollten, beförderte diese Verschiebung ihres

Gleichgewichts; und daher befanden sich schon zu Ende Februar das linke Zentrum und die Linke mit Hilfe der österreichischen Stimmen sehr häufig in der Majorität, indeß hin und wieder die konservative Fraktion der Oesterreicher ganz plötzlich und des Spaßes halber mit der Rechten stimmte und dadurch die Wage wieder auf die andere Seite schnellte. Sie beabsichtigte durch diese plötzlichen Seitensprünge die Versammlung in Verachtung zu bringen, was jedoch ganz unnöthig war, da die Masse des Volkes längst von der gänzlichen Hohlheit und Nichtigkeit alles dessen, was von Frankfurt kam, überzeugt war. Man kann sich leicht vorstellen, welcher Art die Verfassung war, die bei diesem Hin= und Herspringen zu Stande kam.

Die Linke der Versammlung — diese Elite und dieser Stolz des revolutionären Deutschland, wofür sie sich selbst hielt — war ganz berauscht von den paar armseligen Erfolgen, die sie dem Wohlwollen oder vielmehr dem Uebelwollen einer Reihe österreichischer Politiker verdankte, die unter dem Einfluß und im Interesse des österreichischen Despotismus handelten. So oft die leiseste Annäherung an ihre nicht allzu genau bestimmten Prinzipien in homöopathisch verdünnter Form eine Art Sanktion durch die Frankfurter Versammlung erhalten hatte, verkündeten diese Demokraten, sie hätten das Vaterland und das Volk gerettet. Diese armseligen Schwächlinge waren im Laufe ihres meist recht stillen Lebens so wenig an etwas gewöhnt gewesen, das einem Erfolg gleichsah, daß sie in der That glaubten, ihre geringfügigen Gegenanträge, die mit einer Majorität von zwei bis drei Stimmen angenommen wurden, würden das Antlitz Europas verändern. Sie waren vom Beginn ihrer gesetzgeberischen Laufbahn an mehr als irgend eine andere Fraktion der Versammlung von der unheilbaren Krankheit des parlamentarischen Kretinismus durchseucht, einem Leiden, das seine unglücklichen Opfer mit der erhabenen Ueberzeugung erfüllt, daß die ganze Welt, ihre Geschichte und ihre

Zukunft, durch eine Majorität von Stimmen in dem besonderen
Vertretungskörper gelenkt und bestimmt werde, der die Ehre hat,
sie zu seinen Mitgliedern zu zählen, und daß alles und jedes,
was außerhalb der Mauern des Hauses vor sich geht — Kriege,
Revolutionen, Eisenbahnbauten, die Kolonisirung ganzer neuer
Kontinente, kalifornische Goldfunde, zentralamerikanische Kanäle,
russische Heere, und was sonst noch einigen Anspruch erheben
kann, die Geschicke der Menschheit zu beeinflussen — daß alles
das nichts ist im Vergleich zu den unermeßlichen Ereignissen, die
im Schoße der wichtigen Frage ruhen, der, was immer sie sein
mag, gerade in dem Moment die Aufmerksamkeit des hohen
Hauses gehört. Dadurch, daß es der demokratischen Partei der
Versammlung gelang, einige ihrer Panaceen in die „Reichs=
verfassung" hineinzuschmuggeln, wurde sie nun verpflichtet, für
diese einzutreten, obwohl die genannte Verfassung in jedem wesent=
lichen Punkt ihren so oft verkündeten Prinzipien schroff wider=
sprach; und als schließlich diese Bastardschöpfung von ihren Haupt=
urhebern im Stiche gelassen und der demokratischen Partei vererbt
wurde, nahm diese die Erbschaft an und führte den Kampf um
diese monarchische Verfassung, sogar im Gegensatz zu Jenen fort,
die nunmehr ihre republikanischen Prinzipien verkündeten.

Aber man muß zugestehen, daß in dieser Beziehung der
Widerspruch nur ein scheinbarer war. Der unbestimmte, wider=
spruchsvolle, unreife Charakter der Reichsverfassung war das ge=
naue Abbild der unreifen, konfusen, einander widersprechenden
politischen Ideen dieser Herren Demokraten. Und wenn ihre eigenen
Worte und Schriften — sofern sie schreiben konnten — nicht
genügender Beweis dafür wären, würden ihre Handlungen diesen
Beweis liefern; denn unter vernünftigen Leuten ist es selbst=
verständlich, daß man einen Menschen nicht nach seinen Ver=
sicherungen, sondern nach seinen Handlungen beurtheilt; nicht
darnach, was er vorgiebt, zu sein, sondern darnach, was er thut

und wirklich ist; und die Thaten jener Helden der deutschen Demokratie sprechen laut genug für sich, wie wir noch erfahren werden. Indeß, schließlich wurde die Reichsverfassung mit ihrem ganzen Um und Auf endgiltig angenommen, und am 28. März wurde der König von Preußen mit 290 Stimmen gegen 248 Stimmenthaltungen und 200 Abwesende, zum Kaiser von Deutschland weniger Oesterreich erwählt. Die Ironie der Geschichte war vollständig; die Kaiserposse, die Friedrich Wilhelm IV. in den Straßen des erstaunten Berlin drei Tage nach der Revolution vom 18. März 1848 in einem Zustand aufgeführt, der anderswo unter das Trunkenheitsgesetz fiele — diese widerliche Komödie wurde gerade ein Jahr später von der angeblichen Vertretung ganz Deutschlands sanktionirt. Das war also das Ergebniß der deutschen Revolution!

(Erschienen in der „Tribune" vom 27. Juli 1852.)

XVI.
Der Beginn des Kampfes um die Reichsverfassung.

London, Juli 1852.

Nachdem die Frankfurter Nationalversammlung den König von Preußen zum Kaiser von Deutschland (minus Oesterreich) erwählt, sandte sie eine Deputation nach Berlin, ihm die Krone anzubieten, und vertagte sich hierauf. Am 3. April empfing Friedrich Wilhelm die Abgeordneten. Er erklärte ihnen, daß er allerdings den Vorrang vor allen anderen Fürsten Deutschlands annehme, den die Stimme der Vertreter des deutschen Volkes ihm verliehen, daß er aber die kaiserliche Krone nicht annehmen könne, solange er nicht sicher sei, ob die andern Fürsten seine Oberhoheit und die Reichsverfassung, die ihm jene Rechte übertrug, auch anerkennen würden. Es sei an den Regierungen der deutschen Staaten, fügte er hinzu, zu prüfen, ob sie diese Verfassung gutheißen könnten. Auf jeden Fall, schloß er, ob Kaiser oder nicht, stets werde man ihn bereit finden, sein Schwert gegen den äußeren oder inneren Feind zu ziehen. Wir werden sehen, daß er dies Versprechen in einer Weise hielt, die für die Nationalversammlung etwas Verblüffendes hatte.

Die Frankfurter Weisen kamen nach einer gründlichen diplomatischen Untersuchung am Ende zu dem Schluß, diese Antwort komme einer Ablehnung der Krone gleich. Sie beschlossen daher (am 12. April), die Reichsverfassung sei Gesetz und müsse aufrecht erhalten bleiben, und da sie völlig unklar darüber waren, was nun zu thun, setzten sie eine Kommission von dreißig Mann ein, die Vorschläge darüber machen sollte, wie diese Verfassung durchgeführt werden könne.

Dieser Beschluß war das Signal zum Konflikt der Nationalversammlung mit den deutschen Regierungen, der nun ausbrach. Die Bourgeoisie und namentlich das Kleinbürgerthum erklärten sich insgesammt für die neue Frankfurter Verfassung. Sie konnten den Augenblick nicht mehr erwarten, der „die Revolution abschließen" sollte. In Oesterreich und Preußen war die Revolution vorläufig durch das Eingreifen der bewaffneten Macht zum Abschluß gekommen. Die erwähnten Klassen hätten eine weniger gewaltsame Methode des Vollziehens dieser Operation vorgezogen, aber sie hatten keine Wahl gehabt; die Sache war geschehen und man mußte sich damit abfinden, ein Entschluß, den sie sofort faßten und höchst heroisch durchführten. In den kleineren Staaten, wo Alles sich verhältnißmäßig glatt abspielte, war die Bourgeoisie längst auf die glänzende aber erfolglose, weil kraftlose parlamentarische Agitation heruntergebracht worden, die ihrer Geistesart so sehr entsprach. Betrachtete man also jeden der verschiedenen deutschen Staaten für sich allein, dann schien es, als habe jeder von ihnen die neue, endgiltige Form gewonnen, von der man

glaubte, daß sie ihnen fortan das Einlenken in den Pfad fried=
licher konstitutioneller Entwicklung ermögliche. Nur eine Frage
blieb noch offen, die der neuen politischen Organisation des deut=
schen Bundes. Und es erschien nothwendig, diese Frage, die
einzige, die noch Gefahr zu bergen schien, ohne Zögern zu lösen.
Daher der Druck, den die Bourgeoisie auf die Frankfurter Ver=
sammlung ausübte, um diese zu bewegen, die Verfassung so bald
als möglich fertig zu machen; daher der Entschluß der höheren
und niederen Bourgeoisie, die Verfassung zu acceptiren und zu
unterstützen, wie immer sie sein mochte, um ohne Verzögerung
einen geordneten Zustand zu schaffen. Von Anfang an entsprang
also die Bewegung für die Reichsverfassung einem reaktionären
Gefühl, sie nahm von jenen Klassen ihren Ausgang, die seit
langem der Revolution müde waren.

Aber noch ein anderes Moment ist hier zu beachten. Die
ersten und grundlegenden Prinzipien der künftigen deutschen Ver=
fassung waren während der ersten Monate des Frühlings und
Sommers 1848 beschlossen worden, einer Zeit, als die Volks=
bewegung noch hoch ging. Die zu jener Zeit gefaßten Beschlüsse
waren damals ganz reaktionär gewesen, nun aber, nach den
Willkürakten der Regierungen Oesterreichs und Preußens er=
schienen sie ausnehmend liberal und sogar demokratisch. Der
Maßstab, an dem man sie maß, hatte gewechselt. Ohne morali=
schen Selbstmord konnte die Frankfurter Versammlung diese ein=
mal beschlossenen Bestimmungen nicht streichen und die Reichs=
verfassung nicht nach dem Muster derjenigen Verfassungen gestalten,
die Oesterreich und Preußen mit dem Schwert in der Hand diktirt
hatten. Ueberdies hatte, wie wir gesehen, die Majorität in jener
Versammlung den Platz gewechselt und war der Einfluß der libe=
ralen und demokratischen Partei im Steigen. Die Reichsverfassung
zeichnete sich also nicht nur durch ihren anscheinend ausschließlich
demokratischen Ursprung aus, sondern sie war auch, bei allen

ihren Widersprüchen, noch die liberalste Verfassung in ganz Deutschland. Ihr größter Fehler bestand darin, daß sie ein bloßes Blatt Papier war, ohne jede Macht, ihren Bestimmungen Geltung zu verschaffen.

Unter diesen Umständen war es natürlich, daß die sogenannte demokratische Partei, das heißt, die Masse des Kleinbürgerthums, sich an die Reichsverfassung klammerte. Diese Klasse war in ihren Forderungen immer weiter gegangen als die liberale monarchisch konstitutionelle Bourgeoisie; sie war kecker aufgetreten, hatte sehr oft mit bewaffnetem Widerstand gedroht, und nicht mit dem Versprechen gekargt, Gut und Blut in dem Kampfe für die Freiheit zu opfern; aber sie hatte schon zahlreiche Beweise dafür geliefert, daß sie in der Stunde der Gefahr nirgends zu finden war, und daß sie nie größere Befriedigung empfand, als an dem Tage nach einer entscheidenden Niederlage, wenn Alles verloren war, aber für sie der Trost blieb, zu wissen, die Sache sei so oder so erledigt. Während also das Eintreten der großen Bankiers, Fabrikanten und Kaufleute für die Frankfurter Verfassung einen reservirteren Charakter, mehr den einer bloßen Demonstration trug, that die gerade unter ihnen stehende Klasse, unsere wackeren demokratischen Kleinbürger, gar großartig; sie erklärten wie gewöhnlich, sie würden eher ihren letzten Blutstropfen vergießen, als die Reichsverfassung fallen lassen.

Unterstützt durch diese zwei Parteien, die Bourgeois, die der konstitutionellen Monarchie anhingen, und die mehr oder minder demokratischen Kleinbürger, breitete sich die Bewegung für die sofortige Einführung der Reichsverfassung rasch aus, und sie fand ihren stärksten Ausdruck in den Parlamenten der einzelnen Staaten. Die Kammern von Preußen, Hannover, Sachsen, Baden, Württemberg erklärten sich für sie. Der Kampf zwischen den Regierungen und der Frankfurter Versammlung nahm einen drohenden Charakter an.

Die Regierungen handelten jedoch mit äußerster Raschheit. Die preußischen Kammern wurden aufgelöst — in verfassungswidriger Weise, da sie die preußische Verfassung erst zu revidiren und zu bestätigen hatten; in Berlin kam es zu Unruhen, die von der Regierung absichtlich provozirt wurden, und am Tag darauf, am 28. April, erließ das preußische Ministerium eine Zirkularnote, in der die Reichsverfassung als ein höchst anarchisches und revolutionäres Dokument hingestellt wurde, das die deutschen Regierungen umzugestalten und zu reinigen hätten. Preußen leugnete also rundheraus jene souveräne konstituirende Gewalt, deren sich die weisen Männer von Frankfurt immer gerühmt, die sie aber nie sichergestellt hatten. Ein Kongreß von Fürsten, eine Erneuerung des alten Bundestages wurde berufen, über jene Verfassung zu entscheiden, die bereits als Gesetz verkündigt worden. Und gleichzeitig konzentrirte Preußen Truppen in Kreuznach, drei Tagemärsche von Frankfurt entfernt, und forderte die kleinen Staaten auf, seinem Beispiel zu folgen und ebenfalls ihre Kammern aufzulösen, sobald diese sich der Frankfurter Versammlung anschließen sollten. Diesem Beispiel folgten schleunigst Hannover und Sachsen.

Es war klar, daß eine Entscheidung des Kampfes durch Waffengewalt unvermeiblich war. Die Feindschaft der Regierungen und die Erregung im Volke äußerte sich jeden Tag in lebhafterer Weise. Ueberall wurde das Militär von den demokratischen Bürgern bearbeitet, in Süddeutschland mit großem Erfolg. Große Massenversammlungen wurden allenthalben abgehalten, auf denen beschlossen wurde, die Reichsverfassung und die Nationalversammlung zu unterstützen, wenn es sein müsse, mit bewaffneter Hand. In Köln fand eine Versammlung von Abgeordneten aller Gemeinderäthe Rheinpreußens zu dem gleichen Zwecke statt. In der Pfalz, im Bergischen, in Fulda, Nürnberg, im Odenwald kamen die Bauern zu Zehntausenden zusammen und geriethen in große Begeisterung. Um dieselbe Zeit ging auch die konstituirende Versammlung von Frankreich auseinander, und die Neuwahlen wurden unter gewaltiger Erregung vorbereitet, indeß an der Ostgrenze Deutschlands die Ungarn innerhalb eines Monats durch eine Reihe glänzender Siege die Fluth der österreichischen Invasion von der Theiß zur Leitha zurückgedrängt hatten und man täglich erwartete, sie würden Wien im Sturm nehmen. Da durch alles das die Einbildungskraft des Volkes aufs höchste erregt wurde und die aggressive Politik der Regierungen sich täglich immer deutlicher offenbarte, wurde ein gewaltsamer Zusammenstoß unvermeidlich, und nur feige Schwachköpfigkeit konnte sich einreden, der Kampf werde einen friedlichen Ausgang nehmen. Aber diese feige Schwachköpfigkeit war in der Frankfurter Versammlung aufs ausgedehnteste vertreten.

(Erschienen in der „Tribune" vom 19. August 1852.)

XVII.
Die Demokratie am Ruder.

London, August 1852.

Der unvermeidliche Konflikt zwischen der Frankfurter Nationalversammlung und den Regierungen der deutschen Staaten brach endlich in den ersten Tagen des Mai 1849 in offene Feindseligkeiten aus. Die österreichischen Abgeordneten, von ihrer Regierung abberufen, hatten schon die Versammlung verlassen und waren heimgekehrt, mit Ausnahme einiger wenigen Mitglieder der Linken, resp. der demokratischen Partei. Die große Masse der konservativen Mitglieder, die wußten, welche Wendung der Dinge bevorstand, hatten sich sogar zurückgezogen ehe noch ihre respektiven Regierungen sie dazu aufgefordert hatten. Ganz abgesehen von den in früheren Briefen auseinandergesetzten Ursachen, die den Einfluß der Linken verstärkten, genügte somit schon die bloße

Desertion der Mitglieder der Rechten, um die frühere Minorität in die Majorität der Versammlung zu verwandeln. Die neue Majorität, die sich dieses Glück nie vorher im Traume hätte einfallen lassen, hatte ihren Platz auf der Seite der Opposition dazu benutzt, gegen die Schwäche, die Unentschlossenheit, die Lässigkeit der alten Majorität und ihres Reichsverwesers Feuer und Flammen zu speien. Nun sah sich die Linke auf einmal berufen, an die Stelle dieser alten Majorität zu treten. Sie sollte jetzt zeigen, was sie leisten könne. Natürlich, ihr Regime mußte nun eines der Energie, Entschlossenheit und Thätigkeit sein. Sie, die Elite Deutschlands, werde bald im Stande sein, den senilen Reichsverweser und seine wankelmüthigen Minister vorwärts zu treiben, und wenn das nicht möglich sein sollte, dann werde sie — wer durfte daran zweifeln — kraft der Souveränität des Volkes diese unfähige Regierung absetzen und durch eine thatkräftige, unermüdliche Exekutivgewalt ersetzen, die Deutschlands Rettung sichern werde. Arme Gesellen! Ihre Regierung — wenn man von Regierung sprechen kann, wo Niemand gehorchte — fiel noch lächerlicher aus als selbst die ihrer Vorgänger.

Die neue Majorität erklärte, trotz aller Hindernisse müsse die Reichsverfassung durchgeführt werden, und zwar sofort; am nächsten 15. Juli habe das Volk die Abgeordneten zum neuen Reichstag zu erwählen, und dieser solle darauf in Frankfurt am 15. August zusammentreten. Das war nichts Geringeres als eine offene Kriegserklärung gegen jene Regierungen, die die Reichsverfassung nicht anerkannt hatten, darunter in erster Reihe Preußen, Oesterreich, Bayern, die drei Viertheile der Bevölkerung Deutschlands umfaßten; eine Kriegserklärung, die sofort von ihnen angenommen wurde. Auch Preußen und Bayern beriefen jetzt die Abgeordneten ab, die von ihren Territorien nach Frankfurt entsendet worden, und sie beschleunigten ihre militärischen Rüstungen gegen die Nationalversammlung. Auf der anderen Seite nahmen

die Demonstrationen der demokratischen Partei (außerhalb des Parlaments) zu Gunsten der Reichsverfassung und der National=
versammlung einen ungestümeren und heftigeren Charakter an, und die Masse der Arbeiter, geführt von Männern der extremsten Partei, zeigte sich bereit, die Waffen für eine Sache zu ergreifen, die allerdings nicht die ihre war, die ihnen aber doch durch die Befreiung Deutschlands von dem Bleigewicht seiner alten monarchi=
schen Einrichtungen die Möglichkeit eröffnete, ihren Zielen etwas näher zu kommen. Ueberall standen sich Volk und Regierung mit äußerster Erbitterung gegenüber, der Ausbruch war unvermeidlich; die Mine war geladen, und ein Funke genügte, sie explodiren zu lassen. Die Auflösung der Kammern in Sachsen, die Einberufung der Landwehr in Preußen, die offene Widersetzlichkeit der Regie=
rungen gegen die Reichsverfassung waren solche Funken; sie fielen, und sofort flammte das ganze Land auf. In Dresden bemächtigte sich das siegreiche Volk am 4. Mai der Stadt und verjagte den König, während alle Bezirke der Umgebung den Insurgenten Verstärkungen sandten. In Rheinpreußen und Westfalen weigerte sich die Landwehr auszumarschiren, stürmte die Zeughäuser und bewaffnete sich zum Schutz der Reichsverfassung. In der Pfalz bemächtigte sich das Volk der bayerischen Regierungsbeamten und der öffentlichen Kassen und setzte einen Landesvertheidigungs=
ausschuß ein, der die Provinz unter den Schutz der National=
versammlung stellte. In Württemberg nöthigte das Volk den König, die Reichsverfassung anzuerkennen, und in Baden zwang die Armee im Verein mit dem Volk den Großherzog zur Flucht und errichtete eine provisorische Regierung. In anderen Theilen Deutschlands wartete das Volk blos auf ein entscheidendes Signal der Nationalversammlung, um sich in Waffen zu erheben und sich ihr zur Verfügung zu stellen.

Die Lage der Nationalversammlung war weit günstiger als man nach ihrer unrühmlichen Vergangenheit erwarten durfte. Die westliche Hälfte Deutschlands hatte die Waffen für sie ergriffen; das Militär war überall unsicher geworden; in den kleineren Staaten neigte es unzweifelhaft auf die Seite der Bewegung. Oesterreich war durch das siegreiche Vordringen der Ungarn gelähmt, und Rußland, diese Reserve der deutschen Regierungen, nahm alle seine Kräfte zusammen, um Oesterreich gegen die magyarischen Waffen zu unterstützen. Es galt nur, Preußen zu bezwingen, und Angesichts der revolutionären Sympathien, die in jenem Lande bestanden, war die Möglichkeit, dies Ziel zu erreichen, unzweifelhaft gegeben. Alles hing also von der Haltung der Nationalversammlung ab.

Nun ist der Aufstand eine Kunst ebenso wie der Krieg oder andere Künste, und gewissen Regeln unterworfen, deren Vernachlässigung zum Verderben der Partei führt, die sich ihrer schuldig macht. Diese Regeln, logische Folgerungen aus dem Wesen der Parteien und der Verhältnisse, mit denen man in solchem Falle zu thun hat, sind so klar und einfach, daß die kurze Erfahrung von 1848 die Deutschen ziemlich bekannt mit ihnen gemacht hatte. Erstens darf man nie mit dem Aufstand spielen, wenn man nicht entschlossen ist, allen Konsequenzen des Spiels Trotz zu bieten. Der Aufstand ist eine Rechnung mit höchst unbestimmten Größen, deren Werth sich jeden Tag ändern kann; die Streitkräfte, gegen die man zu kämpfen hat, haben den Vortheil der Organisation, Disziplin und der herkömmlichen Autorität ganz auf ihrer Seite; kann man nicht große Gegenmächte dagegen aufbringen, so wird man geschlagen und vernichtet. Zweitens, ist der Aufstand einmal begonnen, dann handle man mit der größten Entschiedenheit und ergreife die Offensive. Die Defensive ist der Tod jeder bewaffneten Erhebung; diese ist verloren, ehe sie sich noch mit dem Feinde gemessen hat. Ueberrasche die Gegner, so lange ihre Truppen zerstreut sind, sorge täglich für neue, wenn auch kleine Erfolge; halte das moralische Ueber=

gewicht fest, das die erste erfolgreiche Erhebung dir gebracht; ziehe jene schwankenden Elemente an dich, die immer dem stärksten Anstoß folgen und sich immer auf die sicherere Seite schlagen; zwinge deine Feinde zum Rückzug, bevor sie ihre Kräfte gegen dich zusammenfassen können; kurz, nach den Worten Dantons, des größten bisher bekannten Meisters revolutionärer Taktik: de l'audace, de l'audace, encore de l'audace!

Was hatte also die Nationalversammlung von Frankfurt zu thun, um dem sicheren Verderben zu entgehen, das ihr drohte? Vor Allem mußte sie die Situation klar erfassen und sich überzeugen, daß sie keine andere Wahl mehr hatte, als entweder sich den Regierungen bedingungslos zu unterwerfen oder rückhaltslos und ohne Zaudern für die Sache des bewaffneten Aufstands einzutreten. Zweitens aber mußte sie öffentlich alle Erhebungen anerkennen, die bereits ausgebrochen waren, überall das Volk aufrufen, die Waffen zur Vertheidigung der Vertretung der Nation aufnehmen, und alle Fürsten, Minister und Andere für vogelfrei erklären, die es wagen sollten, sich dem souveränen, von seinen Beauftragten vertretenen Volk zu widersetzen. Drittens endlich mußte sie sofort den deutschen Reichsverweser absetzen, eine kraftvolle, thätige, rücksichtslose Exekutivgewalt schaffen, aufständische Truppen nach Frankfurt zu ihrem unmittelbaren Schutze berufen, wodurch sie auch einen gesetzlichen Vorwand für die Ausbreitung der Insurrektion lieferte, alle zu ihrer Verfügung stehenden Streitkräfte in einen geschlossenen Körper organisiren, kurz, rasch und ohne Zaudern jedes verwendbare Mittel ausnützen, um ihre Stellung zu stärken und die ihrer Gegner zu schwächen.

Von alledem thaten die tugendhaften Demokraten in der Frankfurter Versammlung das gerade Gegentheil. Nicht zufrieden damit, die Dinge so laufen zu lassen, wie sie laufen wollten, gingen diese Helden so weit, durch ihr Gegenwirken alle sich vorbereitenden aufständischen Bewegungen zu unterdrücken. Dies that z. B. Herr Karl Vogt in Nürnberg. Sie sahen zu, wie die Erhebungen in Sachsen, Rheinpreußen, Westfalen niedergeschlagen wurden, und wußten ihnen nicht anders beizustehen, als durch einen posthumen sentimentalen Protest gegen die gefühllose Brutalität der preußischen Regierung. Sie unterhielten einen geheimen diplomatischen Verkehr mit den südbeutschen Insurrektionen, hüteten sich aber, diese je durch offene Anerkennung zu unterstützen. Sie wußten, daß der Reichsverweser auf Seite der Regierungen stand, und doch riefen sie ihn, der sich nicht rührte, an, den Intriguen dieser Regierungen entgegenzutreten. Die Reichsminister, alte Konservative, verhöhnten diese kraftlose Versammlung in jeder Sitzung, und sie ließ sich's gefallen. Und als Wilhelm Wolff, ein schlesischer Abgeordneter und einer der Redakteure der „Neuen Rheinischen Zeitung", sie aufforderte, den Reichsverweser für vogelfrei zu erklären, der, wie er mit Recht sagte, der erste und größte Volksverräther war, da wurde er von der einstimmigen tugendhaften Entrüstung dieser demokratischen Revolutionäre niedergeschrien. Kurz, sie fuhren fort, zu schwätzen, zu erklären, zu protestiren, zu proklamiren, hatten aber nie den Muth oder den Verstand zu handeln, indeß die feindlichen Truppen der Regierungen immer näher heranrückten, und ihre eigene Exekutive, der Reichsverweser, eifrig mit den deutschen Fürsten zu ihrem raschen Untergang konspirirte. So verlor diese verächtliche Versammlung selbst die letzte Spur von Ansehen; die Aufständischen, die sich für sie erhoben hatten, hörten auf, sich um sie zu kümmern, und als sie schließlich zu einem schmählichen Ende kam, wie wir noch sehen werden, starb sie, ohne daß irgend Jemand ihren ehrenlosen Abgang beachtet hätte.

(Erschienen in der „Tribune" vom 18. September 1852.)

XVIII.
Die Reichsverfassungskampagne.

(Ohne Datum.)

In unserem letzten Briefe zeigten wir, wie der Kampf zwischen den deutschen Regierungen auf der einen und dem Frankfurter Parlament auf der anderen Seite schließlich eine solche Heftigkeit annahm, daß in den ersten Tagen des Mai ein großer Theil Deutschlands in offenem Aufstand sich erhob; zuerst Dresden, dann die bayrische Pfalz, Theile von Rheinpreußen und schließlich Baden.

In allen diesen Fällen bestand der wirklich kämpfende Theil der Insurgenten, derjenige, der zuerst die Waffen aufnahm und sich mit den Truppen schlug, aus der arbeitenden Klasse der Städte. Ein Theil der ärmeren Landbevölkerung, Taglöhner und Kleinbauern, schloß sich ihnen in der Regel nach dem Ausbruch des Konflikts an. Die Mehrzahl der jungen Männer aller unterhalb der Kapitalistenklasse stehenden Klassen war wenigstens eine Zeit lang in den Reihen der aufständischen Armeen zu finden, aber dieser etwas gemischte Haufe junger Leute lichtete sich bald, als die Dinge eine etwas ernsthaftere Wendung nahmen. Namentlich die Studenten, diese „Vertreter der Intelligenz", wie sie sich gern nannten, waren die ersten, die ihre Fahnen verließen, wenn sie nicht durch die Verleihung des Offiziersrangs zurückgehalten wurden, für den sie natürlich nur selten befähigt waren.

Die Arbeiterklasse nahm an diesem Aufstand Theil, wie sie an jedem anderen Theil genommen hätte, von dem sie erwarten durfte, er werde entweder einige Hindernisse auf ihrem Wege zur politischen Herrschaft und sozialen Revolution beseitigen oder mindestens die einflußreicheren aber minder kühnen Klassen der Gesellschaft auf einen entschiedeneren und revolutionäreren Weg drängen, als sie bis dahin verfolgt. Die Arbeiterklasse griff zu den Waffen mit dem vollen Bewußtsein, daß der Kampf diesmal seinen direkten Folgen nach nicht ihrer eigenen Sache gelte; aber sie befolgte die für sie allein richtige Taktik, keiner Klasse, die sich auf ihren Schultern erhoben (wie die Bourgeoisie 1848 gethan), zu gestatten, ihre Klassenherrschaft zu befestigen, ohne der Arbeiterklasse mindestens ein freies Feld für den Kampf um ihre eigenen Interessen zu eröffnen, und auf jeden Fall die Dinge zu einer Krisis zu bringen, die entweder die Nation entschieden und unwiderstehlich in die Bahn der Revolution hineinriß oder den status quo vor der Revolution nach Möglichkeit wiederherstellte und dadurch eine neue Revolution unvermeiblich machte. In beiden Fällen repräsentirte die Arbeiterklasse die wirklichen und wohlverstandenen Interessen der gesammten Nation, indem sie möglichst den Gang der Revolution beschleunigte, die die alten Gesellschaften des zivilisirten Europa jetzt nothwendigerweise durchmachen müssen, ehe eine von ihnen wieder an eine ruhigere und regelmäßigere Entwicklung ihrer Kräfte denken kann.

Die Landbevölkerung, die sich dem Aufstand anschloß, wurde hauptsächlich durch die verhältnißmäßig ungeheure Last der Steuern, zum Theil auch der feudalen Leistungen, der Revolutionspartei in die Arme getrieben. Ohne eigene Initiative, bildete sie den Schwanz der anderen Klassen, die in Aufstand getreten waren, und schwankte zwischen den Arbeitern einerseits und dem Kleinbürgerthum anderseits hin und her. Fast in jedem Fall entschied die besondere gesellschaftliche Stellung jedes Einzelnen, welcher Seite er sich zuwendete; der Landtaglöhner schloß sich in der Regel dem städtischen Lohnarbeiter an; der Kleinbauer war geneigt, Hand in Hand mit dem Kleinbürger zu gehen.

Die Klasse der Kleinbürger, deren Wichtigkeit und Einfluß wir bereits zu verschiedenen Malen hervorgehoben, darf als die

führende Klasse des Maiaufstandes von 1849 betrachtet werden.
Da diesmal keine der großen Städte Deutschlands unter den
Zentren der Bewegung war, gelang es dem Kleinbürgerthum,
das in den Mittel= und Kleinstädten stets vorherrscht, die Füh=
rung der Bewegung in die Hand zu bekommen. Wir haben über=
dies gesehen, daß bei dem Streit um die Reichsverfassung und
die Rechte des deutschen Parlaments die Interessen gerade dieser
Klasse gefährdet waren. In jeder der provisorischen Regierungen,
die in allen aufständischen Gebieten gebildet wurden, vertrat die
Mehrheit diesen Theil des Volks, und die Leistungen, zu denen
sie sich aufschwangen, dürfen daher wohl als Maß dessen ge=
nommen werden, wessen das deutsche Kleinbürgerthum fähig ist
— fähig, wie wir sehen werden, zu nichts anderem, als jede
Bewegung zu ruiniren, die sich ihm anvertraut.

Das Kleinbürgerthum, groß im Prahlen, ist ganz unfähig
zur That und scheut ängstlich vor jedem Wagniß zurück. Der
kleinliche Charakter seiner Handelsgeschäfte und Kreditoperationen
ist ganz dazu geeignet, seinem eigenen Charakter Mangel an Energie
und Unternehmungsgeist aufzuprägen; man darf daher von vorn=
herein erwarten, daß die gleichen Eigenschaften seine politische
Thätigkeit kennzeichnen. Dem entsprechend ermunterte das Klein=
bürgerthum zum Aufstand mit hochtrabenden Worten und ge=
waltigem Rühmen der Thaten, die es verrichten werde; es war
sofort bei der Hand, sich der Gewalt zu bemächtigen, als der
Aufstand, sehr gegen seinen Willen, wirklich ausgebrochen war;
und es benutzte diese Gewalt nur, um den Erfolg der Erhebung
zunichte zu machen. Wo immer ein bewaffneter Zusammenstoß zu
einer ernsthaften Krisis führte, da faßte die Kleinbürger das
höchste Entsetzen über die gefahrvolle Situation, die ihnen er=
wachsen war; Entsetzen über das Volk, das ihren großsprecherischen
Appell an die Waffen ernst genommen; Entsetzen über die Macht,
die ihnen jetzt zugeschoben worden; Entsetzen vor Allem über die

Folgen, die aus der Politik, in die sie sich nun einlassen mußten, für sie selbst, für ihre gesellschaftliche Stellung, für ihren Besitz entstehen mochten. Erwartete man nicht von ihnen, sie werden für die Sache der Erhebung „Gut und Blut" einsetzen, wie sie zu sagen pflegten? Waren sie nicht gezwungen, offizielle Stellungen in der Insurrektion einzunehmen, wodurch sie im Fall der Niederlage ihr Vermögen aufs Spiel setzten? Und was winkte ihnen anderes im Falle des Sieges, als die Gewißheit, die siegreichen Proletarier, welche die Hauptmasse der kämpfenden Armee bildeten, würden sie aus den Aemtern jagen und ihre Politik umstoßen? So zwischen entgegengesetzte Gefahren gestellt, die es von allen Seiten umgaben, mußte das Kleinbürgerthum mit seiner Macht nichts anderes anzufangen, als die Dinge völlig sich selbst zu überlassen, wodurch natürlich auch das Bischen von Aussicht auf Erfolg, das noch bestehen mochte, verloren ging und der Aufstand völlig dem Untergang preisgegeben wurde. Seine Taktik oder vielmehr das Fehlen jeder Taktik war überall gleich, und daher sind die Aufstände des Mai 1849 in allen Theilen Deutschlands nach demselben Muster zugeschnitten.

In Dresden währte der Straßenkampf vier Tage lang. Die Kleinbürger Dresdens, die „Bürgerwehr", betheiligten sich nicht nur nicht am Kampf, sondern unterstützten in vielen Fällen die Operationen der Truppen gegen die Insurgenten. Diese wiederum bestanden fast ausschließlich aus Arbeitern aus den Industriebezirken der Umgebung. Sie fanden einen fähigen und kaltblütigen Führer in dem russischen Flüchtling Michael Bakunin, der später gefangen genommen wurde und gegenwärtig in den Kasematten von Munkacs in Ungarn eingekerkert ist. Das Einschreiten zahlreicher preußischer Truppen erdrückte diesen Aufstand.

In Rheinpreußen kam es nur zu geringfügigen Gefechten. Da alle großen Städte Festungen waren, die von Zitadellen beherrscht wurden, konnten die Aufständischen nur einige Scharmützel liefern. Sobald eine genügende Menge Militär zusammengezogen war, hatte der bewaffnete Widerstand ein Ende.

Dagegen fielen mit der Pfalz und Baden eine reiche, fruchtbare Provinz und ein ganzer Staat der Insurrektion in die Hände. Geld, Waffen, Soldaten, Kriegsvorräthe, alles war vorhanden. Die Soldaten der regulären Armee selbst schlossen sich den Aufständischen an; ja, in Baden waren sie die ersten unter ihnen. Die Erhebungen in Sachsen und Rheinpreußen opferten sich auf, um Zeit für die Organisirung der süddeutschen Bewegung zu erwirken. Niemals war eine provinziale und partielle Insurrektion in so günstiger Lage wie diese. Man erwartete eine Revolution in Paris; die Ungarn standen vor den Thoren Wiens; in allen Staaten Mitteldeutschlands neigte nicht nur das Volk, sondern sogar das Militär stark auf die Seite der Aufständischen und wartete blos auf eine Gelegenheit, um sich ihnen anzuschließen. Und doch war die Bewegung, einmal in die Hände des Kleinbürgerthums gerathen, vom Anfang an zum Scheitern verurtheilt. Die kleinbürgerlichen Regenten, namentlich Badens — Herr Brentano an ihrer Spitze — vergaßen nie, daß sie durch die Usurpirung des Platzes und der Prärogative ihres „gesetzlichen" Souveräns, des Großherzogs, Hochverrath begingen. Sie setzten sich in ihre Ministerfauteuils mit dem Schuldbewußtsein im Herzen. Was kann man von solchen Memmen erwarten? Sie überließen nicht nur den Aufstand seiner zusammenhangslosen und daher unwirksamen Selbstthätigkeit, sondern thaten auch noch alles, was in ihrer Macht lag, der Bewegung jeden Antrieb zu nehmen, sie zu entmannen, sie zu Grunde zu richten. Und das mit Erfolg, dank der eifrigen Unterstützung jener Sorte unergründlicher Politiker, der „demokratischen" Heroen des Kleinbürgerthums, die thatsächlich glaubten, das „Vaterland zu retten", indeß sie sich von ein paar geriebeneren Leuten, nach Art des Herrn Brentano, an der Nase herumführen ließen.

Was die militärischen Maßnahmen anbelangt, so sind noch niemals kriegerische Operationen nachlässiger und dümmer ausgeführt worden, als unter dem Kommando des badischen Oberbefehlshabers Sigel, eines Exlieutenants der regulären Armee. Alles wurde in Unordnung gebracht, jede gute Gelegenheit versäumt, jeder kostbare Moment mit dem Ausspinnen riesenhafter aber unausführbarer Projekte vertröbelt, bis, als schließlich der begabte Pole Mieroslawski den Befehl übernahm, die Armee desorganisirt, geschlagen, entmuthigt, mangelhaft ausgerüstet, einem viermal stärkeren Feinde gegenüberstand, so daß ihm nichts übrig blieb, als zu Waghäusel eine ruhmvolle aber erfolglose Schlacht zu schlagen, einen geschickten Rückzug zu vollziehen, ein letztes hoffnungsloses Gefecht unter den Mauern von Rastatt anzubieten und abzudanken.

Wie in jedem Insurrektionskrieg, in dem die Truppen aus geübten Soldaten und ungeschulten Aufgeboten gemischt sind, kamen auch diesmal im Revolutionsheer zahlreiche Fälle von Heroismus vor, aber auch zahlreiche Fälle unsoldatischer, oft unbegreiflicher Panik; indeß, wie unvollkommen dies Heer auch nothwendigerweise sein mußte, es hatte doch die Genugthuung, daß man die vierfache Ueberzahl nicht für genügend hielt, es zu schlagen, und daß in dem Feldzuge hunderttausend Linientruppen vor den zwanzigtausend Insurgenten militärisch ebensoviel Respekt verriethen, als stünden sie der alten Garde Napoleons gegenüber.

Im Mai war der Aufstand ausgebrochen, Mitte Juli 1849 war er gänzlich niedergeworfen. Die erste deutsche Revolution war zu Ende.

(Erschienen in der „Tribune" vom 2. Oktober 1852.)

XIX.
Das Ende der deutschen Nationalversammlung.

London, 24. September 1852.

Während der Süden und Westen Deutschlands in offenem Aufstand war und während die Regierungen von der Eröffnung der ersten Feindseligkeiten bis zur Uebergabe von Rastatt mehr als zehn Wochen brauchten, um dieses letzte Aufflammen der ersten deutschen Revolution zu ersticken, verschwand die National=versammlung von der politischen Bühne, ohne daß man ihrem Abgang irgendwie Aufmerksamkeit geschenkt hätte.

Wir verließen diese erhabene Körperschaft in Frankfurt, bestürzt über die frechen Angriffe der Regierungen auf ihre Würde, über die Ohnmacht und die verrätherische Nachläßigkeit der von ihr selbst geschaffenen Zentralgewalt, über die Erhebungen des Kleinbürgerthums zu ihrem Schutze und die der Arbeiter für ein revolutionäreres Endziel. Die äußerste Trostlosigkeit und Ver=zweiflung herrschte unter ihren Mitgliedern; die Ereignisse hatten plötzlich eine so deutliche und entscheidende Gestalt angenommen, daß die Illusionen dieser gelehrten Gesetzgeber über ihre wirkliche Macht und Bedeutung in wenig Tagen gänzlich zusammenbrachen. Die Konservativen hatten auf das Signal ihrer Regierungen hin bereits eine Versammlung verlassen, die nur noch im Gegensatz zu den eingesessenen Obrigkeiten fortbestehen konnte. Die Liberalen warfen in völliger Auflösung die Flinte ins Korn; auch sie legten ihre Mandate nieder. Die Herren Abgeordneten rissen zu Hunderten aus. Ursprünglich acht= bis neunhundert an der Zahl, nahmen sie so reißend ab, daß bald zur Beschlußfähigkeit der Versamm=lung die Anwesenheit von hundertfünfzig und wenige Tage später von hundert Mitgliedern für genügend erklärt wurde. Und auch

diese waren schwer zusammenzubringen, obwohl die ganze demo=
kratische Partei zurückblieb.

Der Weg, den dieser Ueberrest eines Parlaments einzu=
schlagen hatte, lag klar genug zu Tage. Die Versammlung mußte
sich offen und entschieden dem Aufstand anschließen und ihm so
das Maß von Kraft mittheilen, das ihm die Gesetzlichkeit zuführen
konnte, indeß sie selbst dadurch eine Armee zu ihrem Schutze erwarb.
Sie mußte die Zentralgewalt auffordern, allen Feindseligkeiten
sofort Einhalt zu thun, und mußte sie, wenn, wie vorauszusehen,
diese Gewalt das weder thun konnte noch wollte, sofort beseitigen
und durch eine energischere Regierung ersetzen. War es nicht
möglich, Truppen der Aufständischen nach Frankfurt zu bringen
(was im Anfang leicht geschehen konnte, solange die Regierungen
der Einzelstaaten noch schlecht vorbereitet und unschlüssig waren),
dann konnte die Versammlung ihren Sitz ohne Weiteres mitten
in das aufständische Gebiet verlegen. Geschah alles das sofort
und mit Nachdruck, nicht später als Mitte oder Ende Mai, dann
würde es sowohl der Erhebung wie der Nationalversammlung
noch eine Aussicht auf Erfolg eröffnet haben.

Aber ein so entschlossenes Vorgehen war von den Ver=
tretern des deutschen Spießbürgerthums nicht zu erwarten. Diese
hochstrebenden Staatsmänner waren noch immer nicht von ihren
Illusionen befreit. Jene Mitglieder des Parlaments, die ihren
fatalen Glauben an dessen Kraft und Unverletzlichkeit verloren,
hatten sich bereits auf die Strümpfe gemacht; die zurückbleiben=
den Demokraten waren nicht leicht dahin zu bringen, die Träume
von Macht und Größe aufzugeben, in denen sie seit zwölf
Monaten geschwelgt. Treu der Methode, die sie bis dahin ver=
folgt, scheuten sie vor jeder entscheidenden That zurück, bis jede
Möglichkeit des Erfolgs, ja jede Möglichkeit des Untergangs in
Ehren verschwunden war. Um eine erkünstelte, wichtigthuende
Thätigkeit zu entfalten, deren völlige Ohnmacht bei ihren hoch=

trabenden Ansprüchen nur Mitleid und Spott erregen konnte, fuhren sie fort, Resolutionen, Adressen und Aufforderungen an einen Reichsverweser zu richten, der nicht einmal Notiz von ihnen nahm, und an Minister, die offen mit dem Feinde verbündet waren. Und als endlich Wilhelm Wolff, Abgeordneter für Striegau und einer der Redakteure der „Neuen Rheinischen Zeitung", der einzige wirkliche Revolutionär in der ganzen Versammlung, erklärte, wenn es ihnen Ernst sei mit ihren Worten, dann müßten sie dem Geschwätz ein Ende machen und vor Allem den Reichsverweser, den ersten Volksverräther, für vogelfrei erklären, da brach die ganze zusammengedrängte tugendhafte Entrüstung dieser Herren Parlamentarier mit einer Wucht hervor, von der sich niemals auch eine Spur gezeigt, als die Regierungen sie mit Insulten überhäuften.

Unzweifelhaft war Wolffs Vorschlag das erste vernünftige Wort, das innerhalb der Mauern der Paulskirche gesprochen wurde; unzweifelhaft, denn er verlangte gerade das, was noth that; und eine so offene Sprache, die direkt auf das Ziel losging, mußte eine Beleidigung jener gefühlvollen Seelen sein, bei denen nichts entschieden war als die Unentschiedenheit, und die, zu feige zu handeln, ein= für allemal zu dem Entschluß gekommen waren, daß nichts zu thun gerade das sei, was sie zu thun hätten. Jedes Wort, das einem Blitze gleich die verblendete aber absichtliche Beneblung ihrer Geister erhellte, jeder Wink, der geeignet war, sie aus dem Labyrinth zu führen, in dem sie um jeden Preis solange als möglich verbleiben wollten, jede klare Auffassung vom wirklichen Stande der Dinge war natürlich ein Verbrechen gegen die Majestät der souveränen Versammlung.

Bald nachdem die Stellung der ehrenwerthen Herren Abgeordneten in Frankfurt trotz aller Resolutionen, Aufrufe, Interpellationen und Proklamationen unhaltbar geworden war, zogen sie sich zurück, aber nicht in das Aufstandsgebiet; das wäre ein zu kühner Schritt gewesen. Sie wandten sich nach Stuttgart, wo die württembergische Regierung eine Art abwartender Neutralität beobachtete. Hier entsetzten sie endlich den Reichsverweser seines Amtes und erwählten aus ihrer eigenen Mitte eine Regentschaft von fünf Mitgliedern. Diese Regentschaft machte sich schleunigst daran, ein Milizgesetz annehmen zu lassen, das thatsächlich in gebührender Form allen Regierungen Deutschlands zugesandt wurde.

Diese, die ausgesprochenen Feinde der Versammlung, wurden aufgefordert, Streitkräfte zu ihrer Vertheidigung auszuheben! Dann wurde — natürlich auf dem Papier — eine Armee zur Vertheidigung der Nationalversammlung geschaffen. Divisionen, Brigaden, Regimenter, Batterien, alles war geregelt und festgesetzt. Nichts fehlte, als die Wirklichkeit, denn dieses Heer wurde natürlich nie ins Leben gerufen.

Noch eine letzte Aussicht bot sich der Nationalversammlung dar. Die demokratische Bevölkerung sandte aus allen Theilen des Landes Deputationen, um sich dem Parlament zur Verfügung zu stellen und es zu energischem Handeln anzutreiben. Das Volk, das die Absichten der württembergischen Regierung kannte, beschwor die Nationalversammlung, diese Regierung zu offener und thätiger Theilnahme an dem benachbarten Aufstand zu zwingen. Aber das durfte nicht sein. Die Nationalversammlung hatte sich dadurch, daß sie nach Stuttgart ging, der Gnade der württembergischen Regierung ausgeliefert. Die Abgeordneten mußten das und drängten daher die Bewegung im Volk zurück. Dadurch verloren sie den letzten Rest von Einfluß, den sie sich etwa noch hätten bewahren können. Sie ernteten die Verachtung, die sie verdienten, und die württembergische Regierung, gedrängt von Preußen und dem Reichsverweser, machte der demokratischen Posse ein Ende, indem sie am 18. Juni 1849 den Sitzungssaal des Parlaments absperrte und den Mitgliedern der Regentschaft Weisung gab, das Land zu verlassen.

Sie gingen nunmehr nach Baden, in das Lager des Aufstandes; aber dort waren sie jetzt überflüssig. Niemand beachtete sie. Die Regentschaft fuhr jedoch fort, durch ihre Maßnahmen im Namen des souveränen deutschen Volkes das Vaterland zu retten. Sie machte einen Versuch, sich von auswärtigen Mächten anerkennen zu lassen, indem sie Jedem Pässe ausstellte, der sie von ihr nehmen wollte. Sie erließ Proklamationen und sandte Kommissäre aus, dieselben Gebiete Württembergs zum Aufstand zu bringen, deren thätige Unterstützung sie verschmäht hatte, als es noch Zeit gewesen war; natürlich ohne Erfolg. Wir haben einen Originalbericht vor uns, den einer dieser Kommissäre, Herr Rösler, Abgeordneter für Oels, der Regentschaft sandte; sein Inhalt ist recht charakteristisch. Er ist von Stuttgart, den 30. Juni 1849 datirt. Nachdem er die Abenteuer eines halben Dutzend dieser Kommissäre auf erfolglose Suche nach Geld beschrieben, giebt er eine Reihe von Entschuldigungen dafür zum Besten, daß er noch nicht auf seinen Posten gegangen, und ergeht sich dann in gar gewichtigen Betrachtungen über mögliche Differenzen zwischen Preußen, Oesterreich, Bayern und Württemberg und ihre möglichen Konsequenzen. Nachdem er ausführlich darüber gehandelt, kommt er jedoch zu dem Schlusse, daß nichts mehr zu hoffen sei. Dann schlägt er vor, einen Postdienst aus zuverlässigen Männern für die Beförderung von Nachrichten einzurichten und ein Spionagesystem zur Ausforschung der Absichten des württembergischen Ministeriums und der Truppenbewegungen zu organisiren. Dieser Brief ist nie an seine Adresse gekommen, denn als er geschrieben wurde, war die Regentschaft bereits ganz in das „Ministerium des Aeußern", d. h. nach der Schweiz übergegangen; und während der arme Herr Rösler sich noch den Kopf über die Absichten des furchtbaren Ministeriums einer Macht sechsten Ranges zerbrach, hatten bereits hunderttausend preußische, bayrische und hessische Soldaten die ganze

Angelegenheit in der letzten Schlacht unter den Mauern von Rastatt erledigt.

So verschwand das deutsche Parlament und mit ihm die erste und letzte Schöpfung der deutschen Revolution. Seine Einberufung war das erste Zeugniß davon, daß es eine Revolution in Deutschland thatsächlich gegeben; und es bestand so lange, als diese, die erste deutsche Revolution, noch nicht zu einem Abschlusse gelangt war. Gewählt unter dem Einfluß der Kapitalistenklasse von einer zerstückelten und zerstreuten Landbevölkerung, die zum größten Theil erst aus der Erstarrung des Feudalismus erwachte, diente dies Parlament dazu, alle die großen populären Namen aus der Zeit von 1820—48 zusammen auf die politische Bühne zu bringen und sie dann völlig zu Grunde zu richten. Alle die Berühmtheiten des Bourgeoisliberalismus waren hier vereinigt. Die Bourgeoisie erwartete Wunder; sie erntete Schmach für sich und ihre Vertreter. Die Klasse der industriellen und handeltreibenden Kapitalisten erlitt in Deutschland eine schwerere Niederlage als in irgend einem anderen Lande. Sie wurde zuerst in den einzelnen Staaten Deutschlands niedergeworfen, gedemüthigt, aus dem Amte gejagt, und dann im deutschen Zentralparlament aufs Haupt geschlagen, entehrt und mit Hohn überhäuft. Ein liberales Regiment, die Herrschaft der Bourgeoisie, sei es unter einer monarchischen oder republikanischen Regierungsform, ist fortan unmöglich in Deutschland.

In der letzten Periode seines Daseins diente das deutsche Parlament dazu, für immer jene Partei zu schänden, die seit dem März 1848 an der Spitze der offiziellen Opposition gestanden, die Demokraten, die Vertreter der Interessen des Kleinbürgerthums und theilweise auch der Bauernschaft. Diese Klasse erhielt im Mai und Juni 1849 die Gelegenheit, ihre Fähigkeit zur Bildung einer festen Regierung in Deutschland zu zeigen. Wir haben gesehen, wie sie scheiterte; nicht so sehr an der Ungunst der Verhältnisse als an ihrer ausgeprägten und fortgesetzten Feigheit bei allen entscheidenden Bewegungen, die seit dem Ausbruch der Revolution vor sich gegangen waren; an der Kurzsichtigkeit, Kleinmüthigkeit und Unentschlossenheit, die ihr geschäftliches Gebahren kennzeichnen, und die sie in die Politik übertrug. Im Mai 1849 hatte sie durch dieses Vorgehen das Zutrauen der wirklich kämpfenden Armee aller europäischen Insurrektionen, der Arbeiterklasse, verloren. Und doch waren ihre Aussichten nicht ungünstig. Das deutsche Parlament befand sich ausschließlich in ihren Händen, seitdem die Reaktionäre und Liberalen sich zurückgezogen. Die Landbevölkerung stand auf ihrer Seite. Zwei Drittel der Armeen der kleineren Staaten, ein Drittel der preußischen Armee, die Mehrheit der preußischen Landwehr waren bereit, sich ihr anzuschließen, wenn sie nur entschlossen und mit jener Kühnheit handelte, die das Ergebniß einer klaren Einsicht in den Stand der Dinge ist. Aber die Politiker an der Spitze dieser Klasse waren nicht scharfsichtiger als die Masse der Kleinbürger, die ihnen folgte. Sie zeigten sich sogar noch verblendeter, noch eifriger an absichtlich genährten Illusionen hängend, noch leichtgläubiger, noch unfähiger, beherzt mit den Thatsachen zu rechnen, als selbst die Liberalen. Auch ihre politische Bedeutung ist unter den Gefrierpunkt gesunken. Aber da sie ihre gemeinplätzlichen Prinzipien nicht thatsächlich zur Ausführung gebracht hatten, wären sie im Stande gewesen, unter sehr günstigen Umständen vorübergehend wieder aufzuleben, wenn ihnen nicht ebenso wie ihren Kollegen von der „reinen Demokratie" in Frankreich der Staatsstreich des Louis Bonaparte diese letzte Hoffnung genommen hätte.

Die Niederschlagung des Aufstandes im südwestlichen Deutschland und die Auseinanderjagung des deutschen Parlaments bringen die Geschichte der ersten deutschen Revolution zum Abschluß. Wir haben nur noch einen Abschiedsblick auf die siegreichen Mitglieder

der kontrerevolutionären Allianz zu werfen. Dies soll in unserem nächsten Briefe geschehen.*

(Erschienen in der „Tribune" vom 23. Oktober 1852.)

XX.
Der Kommunistenprozeß zu Köln.

London, 1. Dezember 1852.

Sie werden bereits durch die europäischen Zeitungen zahlreiche Berichte über den Kölner Monstreprozeß gegen die Kommunisten und sein Ergebniß erhalten haben. Aber da keiner dieser Berichte eine einigermaßen getreue Darstellung der Thatsachen giebt, und da diese Thatsachen ein grelles Licht auf die politischen Mittel werfen, durch die der europäische Kontinent in Fesseln gehalten wird, halte ich es für nothwendig, auf diesen Prozeß zurückzukommen.

Die kommunistische oder proletarische Partei hatte ebenso wie andere Parteien durch die Aufhebung des Vereins- und Versammlungsrechts die Möglichkeit verloren, sich auf dem Kontinent eine gesetzliche Organisation zu geben. Ihre Führer waren überdies im Exil. Aber keine politische Partei kann ohne eine Organisation bestehen; und wenn die liberale Bourgeoisie und das demokratische Kleinbürgerthum dem Bedürfniß nach einer Organisation dank der sozialen Stellung, den Mitteln und dem her-

---

* Dieser Brief ist von der Herausgeberin der englischen Ausgabe, Eleanor Marx-Aveling, trotz eifrigsten Suchens nicht gefunden worden. Es ist kaum anzunehmen, daß Marx ihn nicht geschrieben. Eher wäre es möglich, daß der Brief von der Redaktion der „Tribune" aus dem einen oder anderen Grunde begraben wurde. Als Schlußkapitel an Stelle des verloren gegangenen hat die Herausgeberin sicher völlig zweckentsprechend der Artikelserie den Bericht über den Kölner Kommunistenprozeß angehängt, den Marx in der „Tribune" gegeben. Der Uebers.

gebrachten täglichen Verkehr ihrer Mitglieder einigermaßen ab=
helfen konnten, so blieb dem Proletariat, das dieser gesellschaft=
lichen Stellung und finanziellen Mittel entbehrte, zu diesem Zweck
nichts übrig als die geheime Verbindung. Daher erstanden so=
wohl in Frankreich wie in Deutschland jene zahlreichen geheimen
Verbindungen, die seit 1849 eine nach der anderen von der Polizei
entdeckt und als Verschwörungen verfolgt wurden. Wohl waren
viele dieser Gesellschaften wirkliche Verschwörungen, mit der Ab=
sicht gebildet, die bestehende Staatsmacht zu stürzen; und der
wäre ein Feigling, der unter gewissen Verhältnissen nicht kon=
spiriren wollte, gerade so wie der ein Narr wäre, der unter
anderen Verhältnissen dasselbe thun wollte. Aber es gab auch
Verbindungen, die sich ein weiteres und höheres Ziel gesetzt hatten,
die wußten, daß der Sturz einer Regierung nur eine Episode
in dem großen herannahenden Kampf sein werde, und die sich
zusammenthaten, um die Partei, deren Keim sie bildeten, zu dem
letzten entscheidenden Ringen vorzubereiten, in dem eines Tags
in Europa die Herrschaft nicht bloßer „Tyrannen", „Despoten"
und „Usurpatoren", sondern einer weit gewaltigeren und furcht=
bareren Macht für immer vernichtet werden soll: die des Kapitals
über die Arbeit.

Die Organisation der vorgeschritteneren Kommunistenpartei
in Deutschland hatte folgenden Charakter: In Uebereinstimmung
mit den Prinzipien des „Kommunistischen Manifests" (veröffent=
licht 1848) und mit den in der Artikelserie über die Revolution
und Kontrerevolution in Deutschland in der „New York Daily
Tribune" auseinandergesetzten Grundsätzen, hat sich diese Partei nie=
mals eingebildet, sie sei im Stande, jene Revolution, die ihre Ideen
zu verwirklichen habe, zu machen, wann und wie es ihr beliebe.
Sie erforschte die Ursachen, welche die revolutionäre Bewegung
von 1848 hervorgerufen, und die Ursachen, die zu ihrem Miß=
lingen geführt hatten. Da sie alle politischen Kämpfe auf die

gesellschaftlichen Gegensätze der Klassen zurückführt, warf sie sich auf die Erforschung der Bedingungen, unter denen eine Klasse der Gesellschaft berufen sein kann und muß, die Gesammtheit der Interessen eines Volkes zu vertreten und daher dieses politisch zu beherrschen. Die Geschichte zeigte der Kommunistenpartei, wie nach dem grundbesitzenden Adel des Mittelalters die Geldmacht der ersten Kapitalisten erstand und die Staatsgewalt an sich riß; wie der gesellschaftliche Einfluß und die politische Herrschaft dieses Theils der Kapitalisten, der Finanz, seit dem Aufkommen der Dampfmaschine verdrängt wurde durch die wachsende Macht der industriellen Kapitalisten, und wie gegenwärtig zwei weitere Klassen auf die Herrschaft Anspruch erheben, die Klasse der Kleinbürger und die der Arbeiter. Die praktischen revolutionären Erfahrungen von 1848/49 bestätigten die Erwägungen der Theorie, die zu dem Schlusse führten, daß zuerst die Demokratie der Kleinbürger an die Herrschaft kommen muß, ehe die kommunistische Arbeiterklasse erwarten darf, dauernd zur Macht zu gelangen und das System der Lohnsklaverei zu vernichten, das sie unter das Joch der Bourgeoisie zwingt. Die geheime Organisation der Kommunisten konnte also nicht den Umsturz der bestehenden Regierungen in Deutschland zum direkten Ziele haben. Sie war gebildet, nicht diese umzustürzen, sondern die aufständische Regierung, die ihnen früher oder später folgen muß; ihre Mitglieder hätten wahrscheinlich, ja ganz sicher jedes für sich einer revolutionären Bewegung gegen den gegebenen Zustand seinerzeit thätige Beihilfe geleistet; aber die Vorbereitung einer solchen Bewegung in anderer Weise als durch geheime Verbreitung der kommunistischen Ideen in den Massen konnte nicht eine Aufgabe des Kommunistenbundes sein. Diese seine Grundlage wurde von der Mehrheit seiner Mitglieder so gut begriffen, daß, als der streberische Ehrgeiz einiger unter ihnen versuchte, ihn in eine Verschwörung zu willkürlicher Revolutionsmacherei umzuwandeln, diese Elemente schleunigst ausgeschieden wurden.

Nach keinem Gesetz der Erde konnte eine derartige Gesellschaft eine Verschwörung, ein Geheimbund zu hochverrätherischen Zwecken genannt werden. Wenn sie eine Verschwörung darstellte, so war es eine Verschwörung nicht gegen die bestehende Regierung, sondern gegen deren wahrscheinliche Nachfolgerin. Und die preußische Regierung wußte das. Dies die Ursache, warum man die Untersuchung gegen die elf in Einzelhaft gehaltenen Angeklagten achtzehn Monate lang hinauszog, die von den Behörden zu den überraschendsten juristischen Kunststücken benutzt wurden. Man stelle sich vor: nach achtmonatlicher Untersuchungshaft wurde die Untersuchung auf weitere Monate vertagt, weil „kein objektiver Thatbestand für die Anklage vorlag". Und als die Angeklagten endlich vor die Geschworenen kamen, da konnte ihnen keine einzige offenkundige Handlung hochverrätherischer Natur nachgewiesen werden. Und doch wurden sie verurtheilt. Wir werden bald sehen, wie.

Einer der Emissäre des Bundes ward im November 1851 verhaftet und auf Grund von Papieren, die man bei ihm fand, waren weitere Verhaftungen vorgenommen worden. Ein preußischer Polizeibeamter Namens Stieber erhielt sofort den Auftrag, die Verzweigungen der angeblichen Verschwörung in London zu verfolgen. Es gelang ihm, einige Papiere aufzutreiben, die den oben erwähnten Abtrünnigen des Bundes gehörten, welche nach ihrer Absonderung eine wirkliche Verschwörung in Paris und London organisirt hatten. Diese Papiere erlangte er durch ein doppeltes Verbrechen. Ein Mann Namens Reuter wurde bestochen, das Pult des Sekretärs des Sonderbundes zu erbrechen und die Papiere daraus zu stehlen. Aber das war noch nichts. Dieser Diebstahl führte zur Entdeckung des sogenannten „deutsch-französischen Komplotts" in Paris und zur Verurtheilung der Theilnehmer an demselben, gab aber noch immer keinen Schlüssel hinsichtlich des großen Kommunistenbundes. Das Pariser Komplott stand, nebenbei bemerkt, unter der Leitung einiger ehrgeizigen Dumm-

köpfe und politischen Industrieritter in London und eines ver=
urtheilten Wechselfälschers, der damals in Paris als Polizei=
spion thätig war; die von diesen Patronen eingefangenen Gimpel
entschädigten sich durch wüthende Deklamationen und blutdürstigen
Wortschwall für die völlige Bedeutungslosigkeit ihres politischen
Daseins.

Die preußische Polizei mußte sich somit nach neuen Ent=
deckungen umsehen. Sie richtete ein förmliches Bureau der Ge=
heimpolizei in der preußischen Gesandtschaft in London ein. Ein
Polizeiagent Namens Greif betrieb sein anrüchiges Gewerbe unter
dem Titel eines Gesandtschaftsattachés — eine Einrichtung, die
genügen würde, alle preußischen Gesandtschaften außerhalb des
Völkerrechts zu stellen und zu der sich selbst die Oesterreicher
noch nicht verstiegen haben. Unter ihm arbeitete ein gewisser
Fleury, ein Citykaufmann in London, ein Mann von einigem
Vermögen und ziemlich respektablen Verbindungen, eine jener
elenden Kreaturen, die die verächtlichsten Handlungen aus an=
geborner Hinneigung zur Niedertracht begehen. Ein anderer Agent
war ein Handlungskommis Namens Hirsch, der indeß bereits bei
seiner Ankunft in London als Spion benunzirt worden war. Er
führte sich selbst in die Gesellschaft einiger deutschen kommunistischen
Flüchtlinge in London ein, und sie duldeten ihn einige Zeit unter
sich, um Beweise für seinen wahren Charakter zu erhalten. Die
Beweise seiner Verbindung mit der Polizei waren bald gewonnen,
und Herr Hirsch machte sich von dem Augenblick an unsichtbar.
Aber wenn er dadurch auch jede Gelegenheit fahren ließ, jene Ein=
blicke zu erlangen, für deren Gewinnung er bezahlt wurde, so
blieb er doch nicht unthätig. In seinem Schlupfwinkel in Kensington,
wo er nie einem der in Rede stehenden Kommunisten begegnete,
fabrizirte er jede Woche angebliche Berichte über angebliche Sitzungen
einer angeblichen Zentralbehörde, eben jener Verschwörung, die
die preußische Polizei nicht zu fassen vermochte. Der Inhalt dieser

Berichte war im höchsten Grade absurd. Kein Vornamen stimmte, kein Name war richtig geschrieben, keine einzige Person ließ er so sprechen, wie sie mit einiger Wahrscheinlichkeit hätte sprechen können. Sein Meister Fleury half ihm bei dieser Fälschung, und es ist noch nicht bewiesen, daß der „Attaché" Greif bei diesem infamen Vorgehen nicht auch seine Hand im Spiele hatte. So unglaublich es ist, die preußische Regierung nahm diese albernen Erfindungen für heilige Wahrheit, und man kann sich denken, welche Verwirrung derartige Zeugnisse unter den Beweisen anrichteten, die den Geschworenen vorgelegt wurden. Während der Schlußverhandlung trat Herr Stieber, der schon erwähnte Polizeibeamte, als Zeuge auf, beschwor alle diese Absurditäten und blieb mit großer Selbstgefälligkeit dabei, einer seiner geheimen Agenten stehe im intimsten Verkehr mit jenen Leuten in London, die als die Haupturheber der furchtbaren Verschwörung betrachtet wurden. Dieser geheime Agent war allerdings sehr geheim, denn er verbarg sein Angesicht acht Monate lang in Kensington, aus Furcht, er könnte wirklich einen jener Leute sehen, deren geheimste Gedanken, Worte und Werke er nach seiner Behauptung Woche für Woche berichtete.

Die Herren Hirsch und Fleury hatten jedoch noch eine andere Erfindung in petto. Die Berichte, die sie erstattet, verarbeiteten sie zu einem „Originalprotokollbuch" der Sitzungen der geheimen Zentralbehörde, deren Bestehen die preußische Polizei behauptete; und da Herr Stieber fand, daß dies Buch wunderbar mit den Berichten stimme, die er von denselben Leuten erhalten, legte er es sofort den Geschworenen vor und beschwor, nach eingehender Untersuchung sei er zu der festen Ueberzeugung von der Echtheit des Buches gekommen. Nun wurden die meisten der Albernheiten bekannt, die Hirsch berichtet. Man kann sich die Ueberraschung der angeblichen Mitglieder dieses geheimen Ausschusses vorstellen, wenn sie über sich Dinge mitgetheilt fanden, von denen sie bis dahin keine Ahnung gehabt. War einer Wilhelm getauft, so hieß er hier Ludwig oder Karl; andere ließ man in London Reden zu einer Zeit halten, wo sie am andern Ende Englands waren; wieder andere ließ man Briefe vorlesen, die sie nie erhalten; man ließ sie zu einer Zeit regelmäßig Donnerstags zusammenkommen, wo sie wöchentlich einmal eine gesellige Zusammenkunft am Mittwoch hatten; ein Arbeiter, der kaum schreiben konnte, figurirte als Protokollführer und unterzeichnete sich als solcher; und sie alle sprachen eine Sprache, die vielleicht die der preußischen Polizeiwachstuben ist, sicherlich aber nicht die einer Gesellschaft, in der Schriftsteller die Majorität bildeten, die in ihrer Heimath einen geachteten Namen haben. Und zur Krönung des Gebäudes wurde eine Quittung über eine Geldsumme gefälscht, die angeblich von den Fälschern an den angeblichen Sekretär der fiktiven Zentralbehörde für dieses Buch gezahlt worden; aber das Dasein dieses angeblichen Sekretärs beruhte blos auf einem Bären, den einige boshafte Kommunisten dem unglücklichen Hirsch aufgebunden.

Das plumpe Machwerk war zu skandalös, um nicht das Gegentheil der Wirkung zu erzielen, die es erzielen sollte. Obwohl die Londoner Freunde der Angeklagten aller Mittel beraubt waren, die Geschworenen mit den wirklichen Thatsachen bekannt zu machen; obwohl die Briefe, die sie den Vertheidigern sandten, von der Post unterschlagen wurden; obwohl die Dokumente und Affidavits [1], die sie den Anwälten trotz alledem zu verschaffen vermochten, nicht als Beweismittel zugelassen wurden, war doch die allgemeine Entrüstung eine derartige, daß selbst der Staatsanwalt, ja sogar Herr Stieber, der seinen Eid als Bürgschaft für die Echtheit des Protokollbuchs abgegeben, gezwungen waren, es als eine Fälschung anzuerkennen.

* In England die Bezeichnung für vor Gericht an Eidesstatt abgegebene Aussagen, auf deren Unrichtigkeit die Strafe des Meineides steht.
D. Uebers.

Diese Fälschung war jedoch nicht die einzige derartige Leistung, deren sich die Polizei schuldig machte. Zwei bis drei Fälle ähnlicher Art kamen während des Prozesses ans Licht. Die von Reuter gestohlenen Dokumente wurden von der Polizei durch Einschiebungen verfälscht und ihr Sinn dadurch entstellt. Ein Schriftstück voll rabiaten Unsinns war in einer Handschrift geschrieben, die der des Dr. Marx nachgeahmt war, und eine Zeitlang wurde dieser als der Schreiber desselben hingestellt, bis der Staatsanwalt sich gezwungen sah, die Fälschung anzuerkennen. Aber für jede Polizeiinfamie, die als solche aufgedeckt wurde, kamen fünf bis sechs neue aufs Tapet, die nicht sofort entlarvt werden konnten, da die Vertheidigung überrascht wurde, die Beweismittel aus London geholt werden mußten, und jede Korrespondenz der Anwälte der Angeklagten mit den Londoner kommunistischen Flüchtlingen vor dem Gerichtshof als Mitschuld an dem angeblichen Komplott behandelt wurde!

Daß Greif und Fleury wirklich das sind, als was sie hier geschildert wurden, hat Herr Stieber in seiner Zeugenaussage selbst bestätigt; Hirsch aber hat vor einem Londoner Polizeirichter bekannt, er habe das „Protokollbuch" im Auftrage und unter Beihilfe Fleurys gefälscht, und ist dann aus England durchgebrannt, um einer strafgesetzlichen Verfolgung zu entgehen.

Die Regierung hatte gegenüber den vernichtenden Enthüllungen, zu denen der Prozeß führte, einen schweren Stand. Wohl hatte sie ein Geschwornenkollegium, wie die Rheinprovinz noch keines gesehen — sechs Abelige, zwei Staatsbeamte. Das waren nicht die Männer, die wirre Masse von Beweismaterial allzu genau anzusehn, die sechs Wochen lang vor ihnen aufgethürmt wurde, wenn ihnen ununterbrochen in die Ohren geschrieen wurde, die Angeklagten seien die Häupter einer fürchterlichen kommunistischen Verschwörung, die den Umsturz der heiligsten Güter — des Eigenthums, der Familie, der Religion, der Ordnung, der Re=

gierung und des Gesetzes — bewirken wolle! Und doch, hätte die Regierung nicht zur selben Zeit den privilegirten Klassen zu verstehen gegeben, daß eine Freisprechung in diesem Prozeß das Signal zur Unterdrückung der Geschwornengerichte geben und als eine direkte politische Demonstration aufgefaßt werden würde — als ein Beweis, daß die bürgerlich=liberale Opposition bereit sei, sich sogar mit den extremsten Revolutionären zu verbinden — das Urtheil wäre ein freisprechendes gewesen. So aber gelang es der Regierung, Dank der rückwirkenden Anwendung des neuen preußischen Strafgesetzbuchs, die Verurtheilung von sieben Gefangenen durchzusetzen, während blos vier freigesprochen wurden; über die Verurtheilten wurde Festungshaft von drei bis sechs Jahren verhängt, wie Sie ohne Zweifel schon zur Zeit berichtet haben, als die Nachricht davon Sie erreichte.

(Erschienen in der „Tribune" vom 22. Dezember 1852.)

www.ingramcontent.com/pod-product-compliance
Lightning Source LLC
Chambersburg PA
CBHW031453160426
43195CB00010BB/956